# LE RETOUR DES ZAPPEURS

Dr Dominique Dupagne

Tous droits de traduction, d'adaptation et de reproduction réservés pour tous pays.

© 2013, Dominique Dupagne.
2 rue de Phalsbourg, 75017 Paris

ISBN-13: 978-1492183303

ISBN-10: 149218330X

# Avant-Propos

Ce livre est court. C'est volontaire. Il est destiné à des gens qui n'aiment pas les gros livres.

Qu'est-ce qu'un zappeur ? C'est exactement ce que vous imaginez : un hyperactif (ou une hyperactive) au cerveau en perpétuelle ébullition, un agité du bocal qui rêve d'une télécommande universelle pour échapper aux raseurs et à l'ennui.

Ce caractère est très répandu, et comme tous les caractères, il ne possède pas de frontières nettes. Certains zappeurs sont des caricatures, mais chacun de nous possède à des degrés divers des aptitudes ou des handicaps de zappeur.

Des médecins et des industriels du médicament assimilent ce caractère à une maladie : *le Trouble du Déficit de l'Attention avec ou sans Hyperactivité* (TDA/H). Ce terme est inutilisable dans le langage courant ; son seul intérêt est de mettre en avant la difficulté de concentration plutôt que l'hyperactivité physique qui n'est pas toujours présente.

Je préfère parler de zappeur et prendre quelques distances avec les critères médicaux définissant le TDA/H. La frontière entre les variantes de la norme et la maladie est toujours difficile à tracer : le zappeur n'est qu'exceptionnellement un malade. En revanche, ses échecs scolaires, professionnels ou conjugaux peuvent le pousser vers la dépression, l'alcoolisme ou la toxicomanie.

Le caractère du zappeur lui vient du fond des âges préhistoriques. Ce comportement impulsif et intuitif est celui d'un chasseur ou d'un guerrier. Les zappeurs et les zappeuses s'ennuient et dépérissent chez les fermiers et leurs descendants qui dominent le monde depuis 10000 ans. Ils sont brimés très tôt par notre système éducatif, conçu pour des sujets calmes, attentifs et patients.

Heureusement, une nouvelle ère s'ouvre devant eux : un monde en pleine accélération valorise de nouveau leurs qualités. Les zappeurs retrouvent progressivement leur place et leur fonction sociale après avoir été trop souvent maltraités par l'école puis rejetés par les organisations hiérarchiques où leur faible aptitude à l'obéissance constitue un handicap majeur.

Étant personnellement un zappeur, je me réjouis de notre retour en grâce. L'objectif de ce livre est de vous faire découvrir les ressorts intimes de ce caractère si répandu, si mal connu et encore moins compris.

# 1
# De Voltaire à Columbo

Un personnage de fiction possède beaucoup de traits caractéristiques du zappeur. Il s'agit du lieutenant Columbo, héros de la célèbre série policière américaine du même nom.

Souvenez-vous :

- Columbo n'a pas de mémoire immédiate et doit tout noter dans son calepin.

- Il est souvent perdu dans ses pensées.

- Son épouse lui reproche régulièrement son manque d'attention.

- Il ne respecte pas les normes en matière d'enquête policière et n'en fait qu'à son idée.

- Il possède d'excellentes intuitions.

- Il perd le fil de sa pensée en passant d'un sujet à un autre, ne se souvenant de ses questions qu'au moment de quitter la pièce.

- Il n'a aucune organisation : les poches de son imperméable et sa voiture-épave lui tiennent lieu de bureau.

- Il ne trouve jamais ce qu'il cherche et doit fouiller toutes ses poches en craignant de l'avoir perdu.

- Il choque les suspects par ses questions ou ses réflexions incongrues, qui laissent penser qu'il manque de subtilité.
- Il souffre d'une forte addiction (au tabac).
- Il ne peut travailler qu'en solitaire tant ses méthodes sont atypiques.
- Et enfin, il obtient de très bons résultats, si on le laisse faire à sa façon.

Notez que Columbo[1] a valorisé certains traits de caractère habituellement considérés comme des défauts. Par exemple, il irrite et déstabilise à tel point le coupable que ce dernier commet des fautes contribuant à le confondre.

Masculin ou féminin, le caractère du zappeur est fondamentalement le même, mais il peut s'exprimer avec des nuances différentes en fonction du sexe. Chez la femme, l'agitation physique manque souvent, et les zappeuses développent avec l'âge des stratégies d'adaptation qui les rendent moins facilement identifiables (voir les annexes en fin d'ouvrage ; pour ne pas alourdir le texte, j'emploierai le mot zappeur au masculin.

Avec Columbo, j'ai pris volontairement l'exemple d'un zappeur qui n'est pas hyperactif physiquement ; en effet, c'est surtout le cerveau du zappeur qui est hyperactif : il ressent le besoin paradoxal d'une stimulation permanente pour être en paix ! Au contraire, le calme et la routine génèrent en lui

---

[1] Si vous n'avez jamais vu les premiers épisodes en VO (sous-titrée), faites-vous plaisir en achetant le DVD ! Si les décors ont vieilli, l'intérêt des scénarios est resté intact.

une souffrance qui peut déboucher sur une impatience, une irritation et une agitation verbale ou physique. Le zappeur est fondamentalement un "agité du bocal", même si beaucoup de zappeurs sont également hyperactifs physiquement.

Cette ébullition cérébrale plus ou moins contenue a des conséquences directes et indirectes :

Le zappeur **ne supporte pas l'ennui** et cherche en permanence des stimulations ; il lit ses tweets, ses SMS ou ses emails sur son téléphone pendant qu'il est au restaurant avec des amis. À défaut, il joue avec sa serviette, ses couverts ou gribouille sur la nappe. Son esprit s'évade dès qu'une conversation s'écarte de ses centres d'intérêt. Il donne souvent l'impression d'être ailleurs quand il est avec vous, et c'est en partie vrai.

Il est **attiré par les excitants** : tabac, alcool, drogues, jeux vidéos, machines à sous, jeux d'argent, hyperactivité sexuelle, transgression des règles, conflits verbaux ou physiques, polémiques et activisme social. Ces produits ou activités qui nourrissent son besoin de stimulation ont paradoxalement chez lui un effet calmant, tout du moins à petites doses.

Il aime faire plusieurs choses à la fois et présente une véritable **incapacité face à la routine** et aux tâches répétitives.

C'est un **chercheur intuitif** : face à une action quelconque, il se demande souvent comment il pourrait faire mieux ou plus vite. C'est un inventeur-né.

*Le retour des zappeurs*

Il **ne supporte pas les sentiers battus, les procédures imposées**, les modes d'emploi, les ordres ; il n'aime en faire qu'à sa guise. Même en l'absence de difficulté ou d'obstacle, il ne peut s'empêcher de tester de nombreuses solutions alternatives. Suivre à la lettre une recette de cuisine ou une consigne lui paraît humiliant et inutile.

Il travaille très vite quand ce qu'il fait l'intéresse. En revanche, il **ne peut maintenir longtemps sa concentration, sauf si une excitation intense et suffisamment durable focalise son énergie mentale** et l'empêche de "décrocher".

Il est souvent **incapable de mener ses projets à terme.** Un nouveau sujet d'excitation vient supplanter le précédent et monopolise à son tour son attention. Il accumule des essais aussi intéressants qu'inaboutis. C'est l'archétype du loser qui n'arrive jamais à aller au bout de ses idées et surtout qui ne parvient pas à se concentrer sur un projet jusqu'à son terme.

Le zappeur **aime souvent se mettre en danger**, ou en tout cas tester les limites de son environnement. C'est un automobiliste imprudent. Il le sait et évite de conduire s'il le peut. D'ailleurs, rien n'est plus douloureux pour lui que d'être coincé dans un embouteillage. De façon générale, être prisonnier d'un lieu (théâtre, cinéma, réunion, transport en commun, voyage organisé) lui est insupportable. Il aime marcher ou se déplacer en deux-roues (en bicyclette notamment) pour évacuer son besoin fréquent de dépense physique.

Travailler en groupe n'est pas sa tasse de thé. Il **trouve les autres épouvantablement lents.**

Une réunion de travail de plus de vingt minutes le rend nerveux, sauf s'il la dirige ; son impatience le pousse parfois à finir les phrases de ses interlocuteurs. Lorsqu'il parvient à travailler, il choisit généralement un métier lui laissant une grande autonomie : avocat, artisan, consultant, entrepreneur, médecin libéral, créatif, commerçant, voiturier, journaliste... Il possède un don pour les carrières artistiques du fait de son regard original et atypique sur le monde.

Toutes **les tâches liées à la gestion** à long terme (classement, planification, suivi de projet) **lui sont très pénibles**. S'il est à son compte, il est **capable de se mettre en difficulté financière** en négligeant de facturer ses clients.

Il est **souvent en retard** à ses rendez-vous ou pour livrer une commande, mais il vit positivement l'excitation de la course finale contre la montre.

Il **repousse systématiquement à la dernière minute** tout ce qui ne le stimule pas intellectuellement. C'est une espèce de paresseux agité qui consacre une énergie intense à s'inventer des tâches pour échapper à celles qui l'ennuient et qui sont pourtant urgentes ou indispensables (déclaration d'impôts, courrier, facturation, classement).

Curieusement, alors que l'excitation intellectuelle le stimule, une pression externe excessive lui fait perdre ses moyens, surtout pour les tâches répétitives, même très simples. Il **ne supporte la pression que lorsqu'elle provient de lui-même**.

Il possède une **mémoire particulière**, liée aux domaines associés à une excitation présente ou passée. Cette mémoire sélective[2] est mal vécue par son entourage qui y voit un signe de désintérêt, d'autant que l'agité du bocal est souvent "ailleurs" pendant les conversations familiales. Plus que toute autre personne, il égare en permanence ses objets personnels, soit oubliés çà et là, soit *"bien rangés, mais où ?"*. En revanche, il sait retrouver assez facilement un document au sein des tas informes qui constituent son mode de rangement préféré.

Si chacun peut se reconnaître dans certains de ces traits, leur association et leur intensité sont caractéristiques du zappeur. Pour autant, les zappeurs présentent des personnalités très différentes car ces traits de caractère se combinent avec d'autres éléments, j'y reviendrai.

Le zappeur n'est ni plus intelligent, ni plus bête qu'un autre ; il est juste plus rapide, plus intuitif et plus autonome. Un crétin rapide, intuitif et autonome peut générer des désastres d'une ampleur considérable !

Le zappeur porte son caractère dès sa naissance. Il le tient de ses parents et l'influence de l'environnement paraît faible[3]. Des études génétiques (WP)

---

[2] Il existe néanmoins une variété de zappeurs avec un excellente mémoire ; ils rentrent alors plutôt dans la catégorie des surdoués avec lesquels ils partagent beaucoup de traits de caractère. Le problème des enfants surdoués est particulier et je ne souhaite pas développer ce sujet spécifique dans ce court ouvrage. Il pourrait s'agir tout simplement de zappeurs particulièrement intelligents.

[3] Il existe un lien statistique entre le TDAH et la prématurité de la naissance ou la consommation de certains produits chimiques. Il est néanmoins difficile d'affirmer que ce lien statistique correspond à une

*Le retour des zappeurs*

laissent penser que le caractère zappeur était prédominant chez l'humain jusqu'à la sédentarisation des chasseurs-cueilleurs pendant la transition paléolithique-néolithique. L'apparition de la civilisation semble coïncider avec le déclin de leur avantage évolutif. L'appareil d'État et la hiérarchisation de la société ont alors valorisé d'autres caractères plus dociles, coopératifs et mieux organisés.

Pour autant, ces agités du bocal se sont apparemment bien intégrés dans une société massivement rurale et agricole. Rien ne leur interdisait de rêvasser en labourant leurs champs, en trayant leurs vaches ou en filant la laine. Jusqu'au XXe siècle, il n'était pas obligatoire de faire des études pour innover, créer et inventer.

Les plus instables ont trouvé dans la guerre, la navigation ou l'émigration matière à étancher leur soif d'émotions fortes et d'imprévu. L'armée et la marine ont développé très tôt une discipline très stricte pour mater ces rebelles à l'autorité. Paradoxalement, la discipline militaire, simple et associée à une forte activité physique, est assez bien acceptée par les zappeurs. Cette tolérance à l'autorité militaire se comprend mieux si l'on accepte l'idée que les zappeurs ont un caractère qui les prédispose à la guerre et à la chasse.

Les zappeurs les plus brillants ont donné de grands esprits atypiques comme Léonard de Vinci, Voltaire, Richard Feynman ou Albert Einstein. D'autres ont inventé des machines qui n'ont ja-

---

causalité : il est possible que les mères zappeuses accouchent plus souvent prématurément, ou que les parents zappeurs nourrissent différemment leurs enfants.

mais fonctionné ou qui les ont ruinés, voire tués, et l'histoire n'a pas retenu leur nom.

Bref, bien qu'inadaptés à une société policée, organisée et hiérarchisée, beaucoup de zappeurs ont longtemps réussi à mener leur barque sans trop de problèmes. Ils apportaient la composante excentrique, atypique et déviante qui est indispensable à tout innovation de rupture.

**Note à propos des liens :**

Les portions de texte soulignées correspondent à des liens. Pour accéder aux documents liés, rendez vous sur cette page : http://www.leretourdeszappeurs.com/liens/liens-deuxieme-edition/ qui contient l'ensemble des liens, regroupés par page.

Si vous possédez un smartphone ou une tablette avec un lecteur de codes, utilisez le QRcode ci-dessous

# 2
# Le cauchemar de l'école moderne

Le zappeur est souvent un enfant éveillé et curieux à l'école maternelle[4]. Tout va bien pour lui, jusqu'à ce qu'il rencontre l'école primaire...

Depuis toujours, la transmission du savoir et des compétences aux enfants était pratiquée au contact des adultes, sur le terrain et par l'imitation. Le savoir transmis était fondamentalement concret et pratique pour l'immense majorité des humains. Nous n'avons aucune raison de penser que le zappeur souffrait alors d'un quelconque handicap social lié à son caractère.

Le drame du zappeurs commence au XIXe siècle et se répand rapidement en Occident ; il a pour nom "école obligatoire". Ce qui est alors un bienfait et un progrès pour la majorité des enfants va constituer une redoutable épreuve pour le zappeur qui va très mal supporter d'être enfermé des heures

---

[4] François Taddéi raconte sa surprise lors de son premier contact avec l'école en tant que parent : la première chose que lui dit l'institutrice à propos de son enfant, sur le ton du reproche, est "il pose beaucoup de questions". Il dit avoir alors commencé à se poser des questions sur l'école.

pour apprendre des choses dont l'intérêt immédiat lui échappe.

Dans les matières qui éveillent sa curiosité, il souffre de ne pouvoir immédiatement expérimenter, creuser, tester ce que le maître lui apprend.

L'impatience, puis l'ennui, s'installent très vite face au savoir livresque et dogmatique. Son cerveau perd le fil du cours ; le maître lui reproche de rêvasser, d'être "absent".

Si l'école publique de Jules Ferry a pu constituer un lieu de découverte et de modernité, son absence d'évolution et sa psychorigidité en ont fait un bagne pour les enfants zappeurs. Leur esprit individualiste tente en vain de résister à cette machine à formater les esprits. Ils sont punis pour leur indiscipline. Ils ne comprennent pas pourquoi ils doivent apprendre sans avoir le droit de débattre du bien-fondé du discours de leur maître.

L'école met particulièrement en évidence une caractéristique fréquente mais inconstante chez le zappeur : l'hyperactivité physique associée à l'hyperactivité cérébrale. Cet agité du cerveau et du corps est alors doublement inadapté à la classe traditionnelle : non seulement il ne parvient pas à suivre les cours et fait l'école buissonnière par la pensée, mais il trahit cet ennui en ne tenant pas en place. Il est dissipé et bouge sans cesse ses jambes ou ses mains.

Quand il participe à la vie de la classe, son investissement paraît excessif ou trop impulsif : questions trop nombreuses ou posées à contretemps, remarques à l'emporte-pièce ou décalées que personne ne comprend ou dont la brutalité surprend.

C'est un enfant qui dérange, qui est souvent puni sans toujours comprendre pourquoi. Son impulsivité peut également susciter un rejet par ses camarades.

Pour beaucoup d'enfants zappeurs, la scolarité marque le début d'une altération profonde et durable de leur confiance en eux.

Le plus souvent, leur mémoire particulière ne leur permet pas d'apprendre leurs leçons. Si les enfants sont globalement peu friands de travail scolaire à la maison, les zappeurs rencontrent une quasi incapacité à apprendre et retenir ce qui ne les intéresse pas. Ils doivent se contenter de ce qu'ils ont retenu pendant la classe. Du fait de leur mémoire sélective, ils peuvent exceller dans certaines matières et être derniers dans d'autres. Leurs résultats ne connaissent aucune régularité.

La personnalité de l'enseignant joue un rôle très important dans leur investissement scolaire, notamment s'il parvient à capter leur attention par une pédagogie originale. Les meilleurs enseignants pour zappeurs sont un peu zappeurs eux-mêmes ; ils sont malheureusement rares.

Dès que le cours ne stimule plus suffisamment son attention, le zappeur "décroche" ou s'agite sur sa chaise. Sa scolarité est chaotique, ses résultats sont en dents de scie : réussite dans les domaines qui le passionnent ou dans les matières scientifiques s'il possède une intelligence analytique, échec surprenant dans des matières réputées faciles (car demandant simplement d'apprendre sa leçon). Ses appréciations scolaires sont caractéristiques : *"Résultats insuffisants malgré de bonnes capacités". "Peut mieux faire". "Trop agité". "Rêveur, manque d'attention[5]"*. Certes, ces appréciations sont courantes, mais cette banalité traduit tout simplement la forte prévalence de zappeurs "légers" chez les enfants.

Voici une appréciation typique, trouvée dans le carnet scolaire d'une zappeuse, en 1954, quatre ans avant qu'elle me mette au monde...

**OBSERVATIONS**

*Distractions, inattention, excitation un lasse.*

Le reste du carnet est à l'avenant.

Les enfants zappeurs sont qualifiés de paresseux alors qu'ils sont tout simplement inadaptés à un mode d'enseignement collectif et contraignant conçu pour un autre profil psychologique que le leur.

Les enseignants et les parents ont eu longtemps du mal à comprendre le comportement de ces enfants atypiques. Comment peuvent-ils se focaliser aussi intensément sur un jeu de construction, un casse-tête ou un jeu vidéo, et être incapables de se concentrer sur leurs devoirs ?

---

[5] Plusieurs relecteurs m'ont fait remarquer que cette attitude est très française. Les enseignants anglo-saxons seraient plus ouverts aux zappeurs.

Voici un test psychologique de routine qui a été réalisé pendant mon adolescence. Toute la problématique du zappeur y est résumée à la rubrique « C) Effort mental » « :

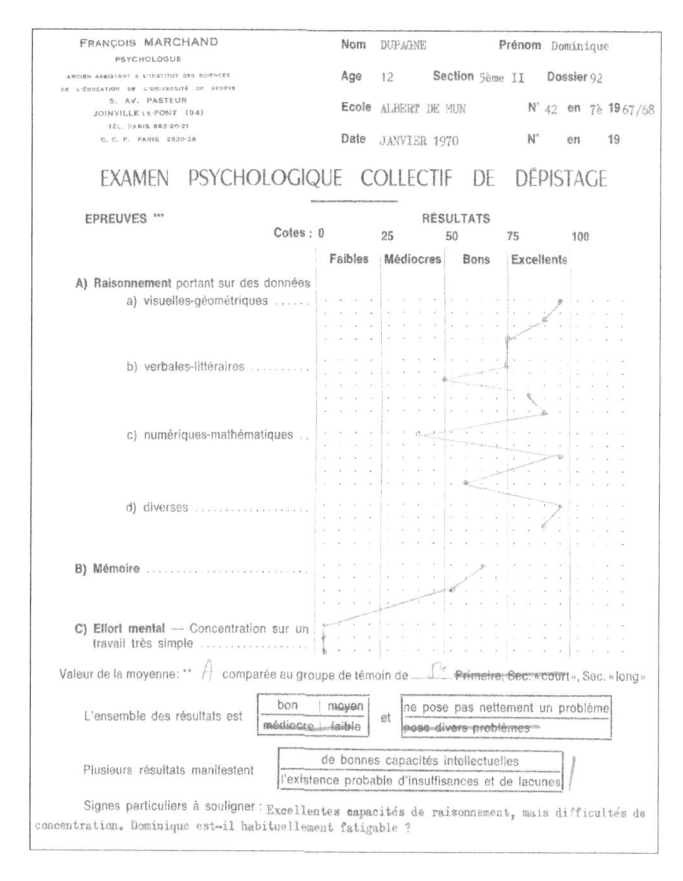

```
FRANÇOIS MARCHAND                    Nom  DUPAGNE        Prénom  Dominique
     PSYCHOLOGUE
ANCIEN ASSISTANT A L'INSTITUT DES SCIENCES   Age  12    Section  5ème II   Dossier 92
DE L'ÉDUCATION DE L'UNIVERSITÉ DE GENÈVE
     5, AV. PASTEUR
   JOINVILLE LE PONT (94)           Ecole  ALBERT DE MUN      N° 42  en  7è  19 67/68
    TÉL. PARIS 882-20-21
    C. C. P. PARIS  2520-28          Date  JANVIER 1970       N°    en      19
```

### EXAMEN PSYCHOLOGIQUE COLLECTIF DE DÉPISTAGE

| EPREUVES *** | Cotes : 0 | 25 | 50 | 75 | 100 |
|---|---|---|---|---|---|
| | | Faibles | Médiocres | Bons | Excellents |

A) Raisonnement portant sur des données
  a) visuelles-géométriques
  b) verbales-littéraires
  c) numériques-mathématiques
  d) diverses

B) Mémoire

C) Effort mental — Concentration sur un travail très simple

Valeur de la moyenne : A comparée au groupe de témoin de ~~Primaire, Sec. « court »~~, Sec. « long »

L'ensemble des résultats est  | bon | moyen |  et  | ne pose pas nettement un problème |
                               | médiocre | faible |     | ~~pose divers problèmes~~ |

Plusieurs résultats manifestent | de bonnes capacités intellectuelles |
                                | l'existence probable d'insuffisances et de lacunes |

Signes particuliers à souligner : Excellentes capacités de raisonnement, mais difficultés de concentration. Dominique est-il habituellement fatigable ?

Je me souviens très bien d'une des épreuves destinées à évaluer ma capacité de concentration : il s'agissait de remettre dans l'ordre des séries de 8 chiffres. Cette tâche pourtant simple s'était révélée au dessus de mes forces au bout de quelques minutes, chose qui m'avait beaucoup surpris car

*Le retour des zappeurs*

j'étais plutôt à l'aise avec les chiffres et les mathématiques. Il s'agit typiquement d'un travail qui pose de grandes difficultés aux zappeurs par son caractère répétitif et stressant.

Si la médiatisation de la pseudo-maladie TDA/H[6] a eu au moins un intérêt, c'est celui d'expliquer ce paradoxe qui n'en est pas un : la capacité d'attention scolaire du zappeur obéit à la loi du tout ou rien ; intense si le cours est stimulant, nulle s'il est jugé ennuyeux. Comme dans d'autres domaines de sa vie, le zappeur est excessif et ne connaît ni la mesure ni la stabilité.

Pour ceux qui ne sont pas l'aise avec l'abstraction et les mathématiques ou qui ne sont pas attirés par la littérature, l'échec scolaire est probable. Ils peinent à apprendre par cœur des leçons qui ne leur apportent aucune stimulation intellectuelle et sont privés du joker que représente la réussite dans les matières scientifiques qui nécessitent peu de mémoire. Ils vont être écartés du parcours scolaire, puis universitaire, qui mène aux métiers rémunérateurs et aux postes à responsabilités. Leur estime d'eux-mêmes va s'effondrer et beaucoup d'entre eux sortiront définitivement brisés de cette épreuve. Les zappeurs sont dans la situation d'une espèce dont l'écosystème s'est brutalement modi-

---

[6] TDA/H signifie Trouble du Déficit de l'Attention avec ou sans Hyperactivité. Le trouble est fondamentalement lié à la difficulté à fixer durablement son attention sur les tâches ou les exposés ennuyeux et à les mémoriser. Pour la classification française des troubles mentaux de l'enfant et de l'adolescent (CFTMEA), l'hyperkinésie avec troubles de l'attention est classée parmi les troubles des conduites et des comportements qui conduisent à *"des difficultés à fixer l'attention, un manque de constance dans les activités qui exigent une participation cognitive, une tendance à une activité désorganisée, non-coordonnée et excessive, un certain degré d'impulsivité, une hyperactivité ou une agitation motrice incessante."*

fié et dont l'avantage sélectif disparaît. Eux qui auraient fait d'excellents chasseurs, guerriers ou artisans quelques siècles plus tôt, sont laminés par le système éducatif moderne, rigide et normatif.

Heureusement, certains parmi ceux qui ont connu l'échec scolaire mais qui possèdent un réel talent s'épanouiront dans une carrière artistique ou qui valorisera leur esprit créatif.

Au XXe siècle, un phénomène d'auto-sélection va aggraver progressivement la situation. L'école et l'université fournissent le gros des enseignants, des dirigeants et des hauts fonctionnaires. Ceux-ci cherchent à reproduire le système qui les a portés au pouvoir. Les zappeurs subiront désormais la loi des *bosseurs patients*. Ces derniers, parfaitement adaptés à l'enseignement, aux concours, et à la société post-industrielle, sont devenus en quelques dizaines d'années les nouveaux maîtres du monde.

# 3
# L'avènement des bosseurs patients

Le *bosseur patient* est fondamentalement calme, organisé et régulier. Son caractère est à l'opposé de celui des zappeurs. L'école et l'université sont faites pour lui.

Il est **capable de rester longtemps attentif**, même si l'exposé de son interlocuteur est peu intéressant.

Il peut apprendre et **retenir à peu près n'importe quoi**, y compris les pages de l'annuaire si nécessaire.

Il est **travailleur dans la durée**, moins rapide que le zappeur, mais bien plus endurant.

Il reste concentré sur son travail, même ennuyeux, et est capable de **résister aux distractions**.

Il est souvent **respectueux de l'ordre établi**, des méthodes enseignées, des procédures et des maîtres.

Il est **naturellement organisé**, rangeur, et planificateur.

Il est **prudent** dans ses actes et ses paroles.

Il est **scrupuleux et méthodique**.

Bien sûr, il s'agit là d'un archétype qui n'existe que rarement à l'*état pur*, comme c'est le cas pour tous les caractères et notamment pour les zappeurs. Les *bosseurs patients* et les *zappeurs* peuvent même partager quelques traits de caractères. Mais une chose est certaine : l'école publique obligatoire du XXe siècle est faite pour eux, les sélectionne, et y puise les futurs enseignants. Ils reproduisent les méthodes qui les ont valorisés et leurs propres enfants deviendront souvent enseignants, ingénieurs, cadres supérieurs ou hauts fonctionnaires. Ils gardent en mémoire le souvenir de leurs copains zappeurs, laminés par l'enseignement secondaire, alors qu'eux-mêmes ont excellé dans ce parcours imposé. Ils n'ont donc aucune raison de changer un système qui les a promus et où ils pourront guider efficacement leurs enfants vers les cercles de pouvoir.

En quelques générations, l'école publique est devenue une machine à reproduire ces élites, à valoriser les bosseurs patients. C'est un filtre qui a mis sur la touche la grande majorité des zappeurs, condamnés à l'échec scolaire ou orientés vers des métiers qui ne sont pas faits pour eux . En Europe, beaucoup d'entre eux ont choisi d'émigrer. La forte proportion de zappeurs aux USA pourrait s'expliquer en partie par leur attirance naturelle pour l'aventure : ce pays qui restait à construire leur promettait un monde rempli de défis et d'imprévus.

Au cours de la première moitié du XXe siècle, la situation s'est progressivement stabilisée après la ponction démographique de la première guerre mondiale qui n'a pas épargné les zappeurs, généralement peu prudents.

Il était encore possible jusqu'en 1950 de poursuivre une carrière scientifique sans faire allégeance à l'Université. Albert Einstein, archétype du savant zappeur, a développé seul sa théorie sur la relativité, alors qu'il était employé à l'office des brevets de Berne. Il avait connu une scolarité difficile, étant incapable de travailler les matières qui ne l'intéressaient pas.

Avec Albert Einstein, et avant lui Léonard de Vinci, nous abordons une caractéristique intéressante des zappeurs : leurs chances de réussite sont faibles et ils connaissent surtout l'échec, mais lorsqu'ils rencontrent le succès, ils peuvent atteindre des sommets. Nous retrouvons ce phénomène dans le monde sportif avec Carl Lewis, Usain Bolt et Michael Phelps, trois zappeurs (TDAH d'après leurs biographies) qui ont connu ou connaissent un destin exceptionnel dans lequel la vitesse joue un rôle important.

# 4
# Bien sûr que c'est plus compliqué !

Après ces premiers chapitres qui pourraient sembler réducteurs, je voudrais prendre le temps de détailler quelques éléments et souligner la complexité du caractère humain.

Bien entendu, le monde n'est pas partagé entre les *zappeurs* d'un côté et les *bosseurs patients* de l'autre.

Le caractère humain est d'une richesse infinie, comparable à un système de couleurs qui comprendrait des dizaines de teintes primaires au lieu du trio jaune[7] bleu rouge.

Les traits de personnalité qui caractérisent le zappeur sont présents chez quasiment tous les humains, à des degrés divers. Quand je qualifie quelqu'un de "zappeur", je désigne ceux et celles chez qui ces traits sont particulièrement nombreux et marqués. Il existe de "grands" agités du bocal, véritables handicapés sociaux, et des "petits" agités du bocal au comportement plus banal[8]. Il en est de même pour les bosseurs patients : la carica-

---
[7] Couleurs primaires dans l'univers de la peinture.
[8] Vous pouvez évaluer votre score en réalisant ce test :
http://www.leretourdeszappeurs.com/zaptest

ture de ce caractère est socialement handicapante, pouvant aller jusqu'à la névrose obsessionnelle, mais ses formes atténuées sont très répandues. Il existe d'ailleurs des hyperactifs chez les bosseurs patients : les "workaholic" (drogués du travail). Ils se distinguent des zappeurs par leur maniaquerie (classement, méthode, rigueur[9]) et par leur puissance de travail. Ils restent attentifs en réunion, étudient leurs dossiers à fond, ne laissent de côté aucun détail et finissent ce qu'ils commencent. Bien que leur hyperactivité fatigue tout autant leur entourage et que leur vie personnelle en souffre, les bosseurs hyperactifs ne sont pas des zappeurs.

Non seulement les traits de caractère du zappeur peuvent être présents chez un individu avec une intensité variable, mais ils se croisent avec les autres éléments qui forgent sa personnalité : degré de confiance en soi, tendance à la domination ou à la soumission, personnalité anxieuse ou insouciante, générosité ou égocentrisme, sens moral ou sociopathie, etc. Les zappeurs peuvent être aussi bien introvertis, timides et perdus dans leurs pensées que charismatiques et extravertis.

Nous savons que le caractère des zappeurs est en partie génétique (source en anglais). Il existe donc probablement une proximité (et donc un lien lors de leur transmission) entre les principaux gènes qui font le caractère du zappeur. Mais la génétique est une science faiblement prédictive. Certains traits sont portés par plusieurs gènes, ou par des

---

[9] Certains zappeurs peuvent paraître organisés : ils ont été contraints de développer des garde-fous pour contrôler leur désorganisation naturelle. Contrairement aux bosseurs hyperactifs qui aiment planifier, classer et trier, les zappeurs s'organisent par nécessité et le font sans plaisir.

gènes dont l'expression est variable en fonction de la présence d'autres gènes et de l'influence du milieu. Rien ou presque n'est définitivement écrit à la naissance. Regardez cette vidéo remarquable sur l'inné et l'acquis)

Enfin, la capacité adaptative de notre cerveau lui donne la possibilité de modifier nos aptitudes par l'apprentissage et la confrontation aux difficultés. Nous nous adaptons en permanence à notre environnement, y compris à l'âge adulte.

Il n'est donc pas question de décrire un zappeur ou une zappeuse "type". L'évaluation quantitative de ce caractère, à supposer qu'elle soit nécessaire, repose sur le calcul d'un score fondé sur les réponses à un test[10]. La réponse donnée par ce test de personnalité n'est pas de type oui/non. Il n'y a pas de frontière bien délimitée entre les zappeurs et les non zappeurs. Il ne s'agit pas d'une maladie et le score obtenu permet simplement d'apprécier son "taux de zapping".

Pour reprendre l'analogie des couleurs, imaginez que le caractère zappeur, dans sa forme pure, soit la couleur bleue primaire. Dans la nature, le bleu primaire est rare ; en le combinant avec du jaune et du rouge, on obtient une infinité de bleus différents.

Il n'y a donc pas vraiment de catégories tranchées au sein des zappeurs, tout au plus une présence plus ou moins développée des éléments primaires du caractère. Le qualificatif de zappeur traduit une

---

[10] Adresse du test déjà citée :
http://www.leretourdeszappeurs.com/zaptest/

tendance, un pourcentage de traits de la personnalité zappeuse qui ne sont jamais réunis à 100 % chez la même personne. D'ailleurs, les aptitudes et les handicaps sociaux d'une personnalité se manifestent différemment en fonction de son environnement. Face à la contrainte forte que représente l'école, de nombreux enfants sont qualifiés de TDA/H alors que personne n'aurait remarqué d'anomalie chez ces mêmes enfants s'ils n'avaient pas été scolarisés ou s'ils avaient suivi un apprentissage adapté à leur caractère.

De même, un zappeur contraint professionnellement à des tâches subalternes et codifiées aura peu de chance de valoriser sa capacité à innover et à créer.

Le terme *zappeur* est donc un contenant recouvrant une infinité de situations différentes. Le seul objectif de l'usage de ce terme est de rendre mon propos plus compréhensible. Il n'existe pas deux êtres humains identiques[11].

---

[11] Notre ADN contient énormément de choses, mais il est loin de forger définitivement notre personnalité. L'influence de l'environnement au sens large permet par exemple à des vrais jumeaux d'avoir des caractères différents, bien qu'ils se ressemblent beaucoup psychologiquement et que leur ADN soit identique.

Pour accéder au test (gratuit) avec votre smart-phone
ou votre ordinateur :

http://www.leretourdeszappeurs.com/zaptest

web

**Note à propos des liens :**

Les portions de texte soulignées correspondent à des liens. Pour accéder aux documents liés, rendez vous sur cette page :
http://www.leretourdeszappeurs.com/liens/liens-deuxieme-edition/ qui contient l'ensemble des liens, regroupés par page. Si vous possédez un smartphone ou une tablette avec un lecteur de codes, utilisez le QRcode ci-dessous

*Le retour des zappeurs*

# 5
# Le principal destin du zappeur est l'échec !
# Mais quand il réussit...

L'autre idée que j'ai peut-être exagérément mise en avant serait que zappeurs sont des esprits brillants, des génies méconnus et injustement brimés par une société dominée par les bosseurs patients.

Il n'en est rien. Le destin du zappeur moderne est souvent sombre : échec scolaire, échec social, échec professionnel, échec conjugal. Le cursus de la majorité des agités du bocal est chaotique et souvent tragique. En effet, la principale caractéristique du zappeur est l'attrait pour les chemins alternatifs, les procédures inhabituelles. Malheureusement, les chemins alternatifs sont souvent des impasses, et si les procédures inhabituelles sont peu usitées, c'est bien parce qu'elles fonctionnent rarement...

En revanche, l'innovation et surtout la rupture avec l'existant sont l'apanage des zappeurs. Autant le progrès continu, fait d'améliorations, d'adaptations ou de perfectionnements, est à la portée de tous, autant la véritable innovation est le domaine d'excellence des agités du bocal : *"Il n'y a pas de progrès sans écart à la norme"* (Frank Zappa, au nom prédestiné...). Sans les zappeurs, l'espèce humaine n'aurait pas progressé aussi rapidement.

Parmi les milliers d'idées farfelues, d'inventions bizarres ou de théories révolutionnaires imaginées par des zappeurs, seules quelques-unes se révèlent pertinentes ou porteuses de progrès. Les autres finissent dans le cimetière des essais ratés et des prototypes défectueux ; mais ces échecs innombrables ne doivent pas faire perdre de vue que les rares succès sont nécessaires pour faire avancer les techniques et les sciences. C'est exactement ainsi que le vivant évolue : en créant des variantes ou des mutants et en les testant en permanence, sans idée préconçue. La copie à l'identique est synonyme de mort à moyen terme car elle est incapable de faire face aux catastrophes imprévues. Si ce mode de reproduction par clonage parfait a existé au sein du vivant, il n'est pas parvenu jusqu'à nous.

Les non-zappeurs savent perfectionner, rationaliser, imiter, mais rarement créer de novo quelque chose qui paraît absurde de prime abord. Parmi eux, les bosseurs patients disposent d'une puissance de travail, d'un sens de l'organisation et d'une opiniâtreté qui leur donnent beaucoup plus de chances de faire aboutir leur action ; mais leur limite est de peiner à imaginer des projets vraiment innovants et surtout de ne pas avoir en eux la naïveté nécessaire pour y croire...

Les zappeurs fournissent un fort contingent d'artistes et de créatifs. Ils ont ce petit grain de folie, cette étincelle que ne possèdent pas les autres. Ces artistes zappeurs sont en revanche de piètres gestionnaires et ont besoin d'un agent ou associé non-zappeur pour les seconder. Je reviendrai plus loin sur ce tandem efficace que l'on retrouve dans de nombreux couples.

Les destins parallèles de deux génies de l'informatique, Steve Jobs et Bill Gates, illustrent bien les voies différentes qui peuvent mener toutes les deux au succès : le culot créatif du zappeur et le travail acharné du bosseur. Ils ont connu l'un comme l'autre une brillante carrière et ont amené leurs sociétés au sommet des capitalisations boursières mondiales. Leurs parcours sont pourtant parfaitement divergents.

**Steve Jobs** est un zappeur quasi caricatural. Il a connu un parcours scolaire et universitaire difficile, monté des canulars, fréquenté des gourous, fait un usage régulier de drogues dans sa jeunesse et vécu en hippie sans se laver. Son parcours comporte plus de rencontres avec d'autres zappeurs que de diplômes... Il a montré un caractère difficile et une instabilité qui lui ont valu de sérieux problèmes, au point de se faire évincer d'Apple dans les années 80. Lire sa [biographie](#) est édifiant pour comprendre le destin d'un zappeur particulièrement brillant et visionnaire.

Steve Jobs a été capable d'identifier le potentiel de la souris et de l'interface graphique développés chez Xerox (qui n'en avait rien fait), puis de perfectionner ces concepts. Pendant son purgatoire hors d'Apple, il a trouvé le moyen de créer Pixar, qui est devenue une des sociétés de divertissement les plus rentables au monde. Il a inventé des objets qui n'existaient pas et qui se sont révélés des succès mondiaux (iPod, iPad). Il est arrivé tardivement sur le marché du téléphone portable et a

*Le retour des zappeurs*

rendu obsolète en quelques années tous ses concurrents avec son iPhone révolutionnaire. Le mode de recrutement de Steve Jobs pour ses collaborateurs était à l'image du personnage : il recherchait souvent des personnalité atypiques et se souciait plus de leur parcours personnel que de leur formation universitaire.

Le slogan qu'il a choisi pour Apple illustre bien le fonctionnement cérébral des zappeurs : *"Think différent"* (*Pensez autrement*).

Steve Jobs est un pur produit de la contre-culture de la Côte ouest, qui a constitué le vivier de la cyberculture et abouti à la Silicon Valley. Celle-ci n'est pas issue du MIT (WP) comme on aurait pu le penser, mais d'hurluberlus californiens en sandales et chemises à fleurs.

**Bill Gates** est l'opposé de Steve Jobs. Il n'a, de toute sa carrière, rien inventé qui soit en rupture avec l'existant.

Son immense succès est dû à une brillante stratégie politique et commerciale, qui a consisté à profiter d'une énorme erreur d'IBM : il a obtenu de garder la propriété du système d'exploitation MS-DOS conçu pour les ordinateurs personnels de la célèbre et alors toute-puissante société informatique[12].

---

[12] Jeune et brillant développeur, Bill Gates a été contacté par IBM pour créer le système d'exploitation destiné à faire tourner les PC. Judicieusement conseillé par son père, Bill Gates a exigé de garder la propriété de ce système d'exploitation (MS-DOS) plutôt que de la céder à IBM. En acceptant cette condition, IBM a sans doute commis la pire erreur de son histoire.

La vie de Bill Gates n'est jalonnée d'aucun excès notable. Il a fait des études classiques qu'il a abandonnées tôt pour se lancer directement dans les affaires. Il n'a commis quasiment aucun erreur de toute sa carrière, sauf peut-être sa réaction tardive face à internet. Cette difficulté à percevoir l'intérêt d'une innovation de rupture est typique d'un bosseur patient et de sa méfiance face à l'inconnu.

Les produits Microsoft n'ont jamais eu de caractère réellement innovant : ils étaient (initialement) bien conçus, fiables et imitaient en les perfectionnant les autres programmes disponibles. Arrivé en position hégémonique et bénéficiant d'une véritable rente sur les ordinateurs compatibles PC, Microsoft et son fondateur ont consacré toute leur énergie à verrouiller leur position, à imposer Windows aux fabricants d'ordinateurs et à pressurer leurs clients grâce aux incessantes mises à jour payantes de leurs programmes. Bill Gates est un stratège, un fin politique, mais en aucun cas un génie créatif. L'âme des débuts de Microsoft, le véritable innovateur, est son ami et associé de la première heure Paul Allen.

Steve Jobs le visionnaire, Bill Gates le gestionnaire. Deux destins ; deux façons de réussir. Je ne porte pas de jugement de valeur sur ces deux hommes. Bill Gates a été considéré dans un sondage comme ayant plus contribué à changer le monde que Steve Jobs. Ce résultat m'irrite, mais je peux le comprendre : en apportant avec Windows un système d'exploitation universel et simple d'accès pour la micro-informatique, Bill Gates a plus largement participé que Steve Jobs à la démocratisation de l'ordinateur personnel.

*Le retour des zappeurs*

Une société idéale est constituée d'une grande variété de comportements ; les zappeurs sont précieux pour inventer les innovations de ruptures (qui rompent avec l'existant comme l'iPad), et les innovations perturbatrices (qui prennent la place de l'existant comme le stylo-bille).

# 6
# Quand la médecine s'en mêle

Si certains zappeurs parviennent à surmonter leur inaptitude scolaire, la majeure partie d'entre eux vit l'école comme une épreuve aliénante.

La souffrance scolaire des zappeurs est suffisamment intense pour que la médecine s'en mêle. Pour certains médecins, ce n'est pas l'école qui est inadaptée à ces enfants, ce sont ces enfants qui ont un problème et qui doivent être soignés. Triste confusion qui permet au système éducatif de ne pas se remettre en cause.

En 1954, la firme suisse Ciba dépose le brevet d'une molécule appelée méthylphénidate, utilisée initialement comme antidépresseur. Leandro Panizzon, chimiste à l'origine de sa découverte, utilise le surnom de son épouse (Rita) pour créer son nom commercial : la Ritaline® est née. Après quelques années, il apparaît que ce produit est surtout efficace pour calmer les enfants turbulents, agités et inattentifs. L'effet est parfois spectaculaire. La Ritaline devient le traitement de référence de l'hyperactivité et du déficit attentionnel chez l'enfant scolarisé.

La suite est classique : puisqu'on peut les traiter par un médicament, ces enfants sont donc des malades. Les zappeurs qui supportent mal l'école seront désormais atteint de TDA/H : Trouble du Déficit de l'Attention avec ou sans Hyperactivité[13]. Le caractère zappeur, courant chez Homo sapiens pendant plus d'un million d'années, est devenu une maladie en moins d'un siècle.

La Ritaline, amphétamine stimulante, apporte artificiellement au cerveau des enfants zappeurs l'excitation qui leur manque pour fixer leur attention. Paradoxalement, ce psychostimulant les apaise, alors qu'il transforme n'importe quel autre enfant en pile électrique. Ce calme artificiel leur permet d'être plus disponibles intellectuellement, et surtout de se plier aux contraintes de l'école. La partie de leur cerveau en quête de stimulation est comblée et donc apaisée par la Ritaline, le reste peut écouter le professeur et apprendre des leçons sans être distrait.

Ce traitement est parfois miraculeux, mais tous les zappeurs ne réagissent pas favorablement au méthylphénidate. Il peut aussi paraître absurde : c'est l'école qui est inadaptée à ces enfants, et non ces enfants qui sont inadaptés à l'école. Pour des raisons de budget et d'organisation, les autorités sanitaires n'ont pas souhaité créer un type d'enseignement spécifique pour les zappeurs. L'un des rares à l'avoir fait est l'anglais AS Neill, fondateur de la célèbre école de Summerhill (WP) dès 1920. Zappeur lui-même, il était devenu enseignant par un concours de circonstances familial. Ses méthodes totalement atypiques, mais pourtant

---

[13] Je ne prétends pas, en parlant de zappeurs ou d'agités du bocal, coller exactement au diagnostic médical de TDA/H. Le zappeur que je décris présente néanmoins par ses traits de caractère de fortes ressemblances avec les symptômes décrits pour caractériser ce trouble.

efficaces, lui ont valu de solides inimitiés au sein du système éducatif traditionnel. Elles n'ont pas pu être reproduites, peut-être parce qu'elles ne fonctionnent que si c'est un zappeur qui les met en œuvre.

L'école est un monde normalisant. Les enseignants sont d'ailleurs formés dans des écoles "normales" ! L'éducation nationale, telle l'armée, vise à discipliner ses troupes et non à gérer la diversité ou favoriser la créativité. C'est un système auto-stabilisé : les bosseurs patients réussissent à l'école, deviennent enseignants et adoptent des méthodes pédagogiques qui réussissent aux bosseurs patients. L'école est devenue un système autonome qui sélectionne et produit des enseignants.

Ce phénomène est remarquablement expliqué par Sir Ken Robinson dans cette vidéo (sous-titrée en français) que je vous conseille vivement de regarder avant de poursuivre votre lecture.

Il est bien difficile de savoir quoi penser de la Ritaline lorsqu'elle se révèle efficace sur le comportement scolaire des zappeurs, ce qui est loin d'être toujours le cas. Fondamentalement, il paraît illogique de modifier le fonctionnement cérébral d'un enfant pour le stabiliser dans un environnement qui lui est inadapté. Pour autant, en l'absence (regrettable) d'alternatives éducatives[14], il est compréhensible que des parents soucieux de la scolarité (et donc l'avenir) de leur progéniture cèdent à cet artifice. La Ritaline (méthylphénidate) et ses dérivés doivent dans ce cas être considérés comme

---

[14] Lire à ce sujet cet excellent article canadien.

*Le retour des zappeurs*

une béquille nécessaire pour traverser une période difficile, un procédé à la limite du dopage, qui n'est pas dénué d'effets indésirables. Il me semble néanmoins que ce médicament ne devrait jamais être imposé à un enfant, même jeune, s'il ne souhaite pas le prendre ou le poursuivre ; il faut plutôt s'acharner à trouver une formation qui pourrait convenir au jeune zappeur en rébellion contre l'école. Mieux vaut s'épanouir dans une carrière manuelle ou artistique qu'être confronté à l'échec et au rejet dans les filières traditionnelles. Les qualités des zappeurs dans leur vie professionnelle pourront se révéler dans le cadre d'un exercice autonome, ou au sein d'équipes associant différents types de caractères : la force des groupes de travail réside dans la complémentarité des compétences, dans l'alliance des contrastes, et non dans le clonage.

Les psychostimulants contenant du méthylphénidate ne sont pas des produits anodins. La meilleure information disponible actuellement sur ces produits est constituée par la notice Wikipedia qui leur est consacrée en langue anglaise. La notice française est succincte[15] et gagnerait à être remplacée par une traduction de la notice anglaise.

---

[15] Consultée en juin 2013.

# 7
# La plasticité cérébrale : une adaptation réversible

Nous avons vu le drame que la rigidité du système éducatif représente pour les zappeurs. Heureusement, notre cerveau dispose d'une capacité d'adaptation remarquable nommée *plasticité cérébrale*. Contrairement à ce que les scientifiques ont longtemps cru, le cerveau est capable d'adapter son fonctionnement à son environnement au delà de la petite enfance, y compris à l'âge adulte. Il se modifie face à la contrainte comme un morceau de pâte à modeler se transforme sous la pression de nos doigts.

La meilleure démonstration de la plasticité cérébrale est l'apprentissage. Toute personne ayant essayé de jouer d'un instrument de musique ou de mettre en œuvre une technique complexe sait qu'au lendemain d'une séance d'apprentissage, il parvient mieux à faire ce qui lui était difficile la veille. Jour après jour, le cerveau crée ou sélectionne de nouvelles connexions qui lui permettent de s'adapter à de nouveaux besoins ou aux modifications de son environnement. Ce que parvient à faire un violoniste virtuose ou un champion de billard paraît ahurissant pour le débutant. Il en est de même pour d'autres mécanismes cognitifs : l'utilisation de nouveaux outils numériques et le changement de nos conditions de travail modifient notre façon de penser, de nous informer ou d'interagir avec les autres.

Beaucoup de zappeurs parviennent à passer l'épreuve de la scolarité en modifiant leur comportement. Ils développent la patience nécessaire pour rester calmes pendant un cours ennuyeux. Ils réussissent à se concentrer le temps nécessaire pour apprendre le minimum requis pour valider leurs examens. Ils fournissent le contingent de zappeurs qui parviennent heureusement à suivre des études supérieures.

Comme son nom le suggère, cette plasticité est réversible, et nous en avons eu la preuve récemment. En effet, un outil majeur est apparu récemment dans notre environnement, et ce nouvel outil conduit notre cerveau à remodifier son fonctionnement, dans un sens opposé à celui induit par la scolarité traditionnelle.

Internet a réellement fait irruption dans nos vies au début des années 2000, lorsque la connexion permanente au réseau s'est démocratisée. Ce nouvel outil ultra-communiquant provoque de profondes modifications dans notre façon de lire, d'écrire, mais aussi de penser !

Nicholas Carr est un des premiers à avoir médiatisé cette réalité dans un article devenu célèbre : "Est-ce que Google nous rend idiot ?" Il constatait sur lui-même des modifications surprenantes dans sa manière de penser et d'interagir avec l'information.

"Moi aussi, je le sens. Ces dernières années, j'ai eu la désagréable impression que quelqu'un, ou quelque chose, bricolait mon cerveau, en reconnectait les circuits neuronaux, reprogrammait ma mémoire. Mon esprit ne disparaît pas, je n'irai pas jusque-là, mais il est en train de changer. Je ne pense plus de la même façon qu'avant. C'est quand je lis que ça devient le plus flagrant. Auparavant, me plonger dans un livre ou dans un long article ne me posait aucun problème. Mon esprit était happé par la narration ou par la construction de l'argumentation, et je passais des heures à me laisser porter par de longs morceaux de prose. Ce n'est plus que rarement le cas. Désormais, ma concentration commence à s'effilocher au bout de deux ou trois pages. Je m'agite, je perds le fil, je cherche autre chose à faire. J'ai l'impression d'être toujours en train de forcer mon cerveau rétif à revenir au texte. La lecture profonde, qui était auparavant naturelle, est devenue une lutte."

Nicholas Carr décrit là le quotidien d'un zappeur. Comme il l'explique dans l'article traduit sur Framablog, son cerveau accélère, il devient incapable de fixer durablement son attention. Ce grand lecteur parvient de plus en plus difficilement à se concentrer sur des textes longs.

Le caractère général de ce phénomène a été confirmé par des travaux spécifiques, qui montrent que cette modification du fonctionnement cérébral sous l'influence de l'usage intense d'internet peut être très rapide.

Que s'est-il passé ? Il n'y a guère que deux hypothèses plausibles.

- Soit Nicholas Carr était plutôt un zappeur dès la naissance. L'école et l'université avaient modifié son cerveau très tôt en lui imposant réflexion, concentration, patience et organisation ; l'apparition d'internet et l'usage intense qu'il en a fait ont déprogrammé cet apprentissage de la pensée lente et de la lecture profonde : il est redevenu ce qu'il était naturellement.

- Soit Nicholas Carr était plutôt un bosseur patient, et l'usage intense d'internet l'a reprogrammé en zappeur.

Je n'ai aucune idée de l'hypothèse qui doit être privilégiée dans son cas. Pour ce qui me concerne, je n'ai guère de doute, d'autant que ma capacité à contrôler mon agitation cérébrale n'a toujours été que partielle : scolarité difficile faisant alterner réussites et échecs, redoublements, nombreuses sanctions disciplinaires. J'ai néanmoins lu des centaines de livres à l'adolescence, quasi exclusivement des romans policiers, suffisamment captivants pour que je termine les livres commencés. Je n'ai jamais pu lire les classiques imposés par l'école. Je suis certain que la lecture m'aurait beaucoup moins occupé si j'avais connu les consoles de jeux vidéos ou les réseaux sociaux. Actuellement, lire un livre sans suspense est devenu pour moi une épreuve difficile et contraignante.

Il est de bon ton aujourd'hui de s'inquiéter de l'usage massif d'internet, de regretter le temps de la lecture attentive, de la pensée lente et réfléchie qui l'accompagne. Cette inquiétude me paraît de même nature que celle de Socrate qui craignait de voir la pensée figée par sa retranscription, ou que celle des adversaires de l'imprimerie qui voyaient en elle le début d'un désastre pour la connaissance.

Il est rare que les nouveaux outils culturels altèrent globalement la culture. Ce qu'ils altèrent saute aux yeux et frappe les esprits, mais ces pertes sont généralement compensées par des bénéfices insoupçonnés, qui ne se révèlent que progressivement. La télévision et les jeux vidéo ont donné un coup d'arrêt à la lecture, mais leurs écrans fusionnent avec celui de l'ordinateur qui apporte une connaissance différente, plus riche en images ou en sons.

Ce qui est certain, c'est qu'internet nous a habitués depuis quelques années à recevoir un flux continu d'informations brèves et nombreuses. Notre problème n'est plus de trouver l'information, mais de trier la masse d'informations que nous recevons sans même la rechercher. L'économie de l'information s'est d'ailleurs profondément modifiée : les vendeurs de contenus en quête d'acheteurs ont cédé la place à des émetteurs de contenus gratuits en quête de lecteurs, dont l'attention et les clics sont monnayables dans le secteur marchand.

Cette évolution paraît inéluctable, elle touche la sphère du travail comme celle de la vie privée ; ces deux sphères tendent d'ailleurs à se confondre, comme elles l'étaient dans le monde rural, avant la révolution industrielle qui a déporté le travail en dehors du domicile.

Certains résistent à l'email, au portable et au SMS dans leur vie privée, mais il est très difficile d'y échapper dans l'univers professionnel. Tout s'accélère autour de nous. L'information envoyée par nos supérieurs est supposée être lue quasi instantanément. L'*open space* dans les bureaux ne pousse pas vraiment à la concentration sur les dossiers difficiles. Nous passons un temps croissant à gérer nos emails professionnels ; nous sommes dérangés en permanence par nos collègues ; nous devons travailler vite et être réactifs.

Heureusement, nos supérieurs hiérarchiques, soumis à la même pression, sont moins regardants sur les détails de notre travail.

Cette nouvelle forme de vie sociale et professionnelle convient parfaitement aux zappeurs car elle reproduit leur mode de fonctionnement. Au contraire, les bosseurs patients sont progressivement débordés par l'accélération du monde et risquent d'être mis en situation d'échec, ce qui est nouveau pour eux : l'école, qui n'a pas su évoluer, ne prépare plus correctement au monde du travail du XXe siècle.

Cette perte de l'hégémonie des bosseurs patients conduit à un retour vers la solution la plus efficace, la plus utile et la plus intelligente depuis que l'homme existe : l'alliance entre les talents et les aptitudes au sein d'une intelligence de groupe.

# 8
# L'alliance des bosseurs et des zappeurs

Les bosseurs patients savent être prudents et suivre une stratégie sur la durée. S'ils possèdent de bonnes capacités d'analyse, leur organisation sans faille et leur forte capacité de travail en font d'excellents dirigeants, de bons savants, des cadres efficaces, des ingénieurs qualifiés, des hauts fonctionnaires scrupuleux. Mais les plus lucides d'entre eux savent que l'inventivité, la créativité, la réactivité et l'originalité ne font pas partie de leurs meilleurs atouts.

S'ils s'assurent le concours d'un ou deux zappeurs comme conseillers ou associés, l'équipe qu'ils forment avec eux est d'une redoutable efficacité. Le couple *bosseur patient - zappeur* est plus instable, mais plus efficace qu'un individu dont la personnalité serait à mi-chemin entre ces deux caractères.[16]

Les métiers de la publicité fournissent un bon exemple de cette alliance de choc. Cette activité nécessite une forte capacité créatrice pour trouver des idées qui font mouche et des slogans qui claquent. Un groupe constitué exclusivement de bos-

---

[16] Le problème est d'arriver à former des couples stables, dans le travail comme dans la vie conjugale. Je vous donne quelques conseils dans les annexes en fin d'ouvrage.

*Le retour des zappeurs*

seurs patients est en difficulté pour atteindre cet objectif.

Comme la publicité évolue dans un marché concurrentiel, la sélection darwinienne des meilleures agences a naturellement abouti à une alliance performante entre des caractères complémentaires.

- Le **rédacteur-concepteur** trouve les idées et les slogans. C'est idéalement un zappeur qui valorise ainsi son impulsivité et son caractère créatif.

- Le **directeur artistique** doit habiller graphiquement le travail du rédacteur-concepteur. C'est aussi un zappeur si sa force réside dans l'originalité de son travail. C'est moins indispensable s'il doit mettre en forme une charte graphique existante, ou s'inspirer de "l'air du temps".

- Enfin, le **directeur de la création** supervise le travail de l'équipe, gère le suivi du projet et les relations avec le client. Il est psychologiquement plus proche du bosseur que du zappeur. Il assure la gestion et amortit les tensions entre les gestionnaires de l'agence de publicité et son équipe de créatifs dont le comportement peu conventionnel heurte souvent les dirigeants.

Un autre exemple d'alliance parfaite est fourni par les couples *journaliste bosseur - chroniqueur zappeur*. Michel Drucker est un archétype de bosseur patient de grande qualité ; le succès de ses émissions tient à la fois à sa rigueur et à l'originalité de ses chroniqueurs ou invités, souvent zappeurs. Vous n'aurez pas de difficulté à identifier le bosseur patient et le zappeur dans ces duos : Pierre

Tchernia/Arthur, Philippe Gildas/Antoine de Caunes, Patrick Cohen/Pascale Clark. Ces tandems fonctionnent bien car les qualités de ces personnalités, qui paraissent opposées, se complètent remarquablement. Cette efficacité en couple n'empêche pas les zappeurs d'être d'excellents animateurs en solo : Antoine de Caunes avait créé un concept d'émission quasiment destinée aux zappeurs dans les années 80 : *Rapido* (vidéo du générique). Le succès des zappeurs animateurs (Dechavanne, Fogiel) est lié à une de leur qualité : aussi fatigants, irritants et impulsifs soient-ils, avec eux on ne s'ennuie jamais...

Les séries télévisées à succès reposent souvent sur des couples zappeur fantasque/bosseur sérieux, à l'instar des emblématiques Starsky et Hutch. Une tendance récente et intéressante consiste à donner le rôle du zappeur à une femme : Carrie Mathison dans *Homeland* (Saison 1) ou Sarah Lund dans *The Killing* (Saison 1 et 2) ; là encore, le succès est au rendez-vous pour ces séries qui collectionnent de nombreuses récompenses.

Le film *Men In Black* montre un processus très intéressant : le recrutement volontaire d'un zappeur d'élite ! La série d'épreuves que traverse Will Smith pour devenir l'agent *J* fait appel à des comportements atypiques (comme tirer à lui la table pour remplir le formulaire) et à une capacité d'analyse ultra-rapide (identifier et tuer l'alien déguisé en petite fille). Notez qu'il est le seul des candidats à ne pas être en uniforme et qu'il arrive en retard. Il est dommage que ce type de recrutement soit si peu répandu, du moins en France.

Il existe beaucoup d'autres exemples de cette collaboration performante entre zappeurs et bosseurs patients dans le monde du spectacle (artiste/agent, metteur en scène/producteur), de la politique (candidat/spin-doctor), mais aussi dans la vie conjugale. Le zappeur qui travaille à son compte est généralement un piètre gestionnaire et un mauvais négociateur qui oublie de facturer ! Il ne peut survivre sans la présence vigilante et bienveillante d'un bosseur dans son entourage proche, bosseur qui doit être suffisamment patient pour le supporter, ce qui n'est pas simple.

Bien sûr, le monde du travail n'est pas bipolarisé entre zappeurs créatifs et bosseurs patients. La majorité des individus n'ont pas un caractère aussi tranché. Ces exemples ont pour but de montrer qu'un enfant zappeur saura trouver sa place dans le monde du travail si ses qualités sont valorisées et utilisées à bon escient.

J'irais même plus loin en affirmant que le zappeur constitue un des maillons indispensables de la chaîne fonctionnelle sociale, culturelle et professionnelle humaine. La difficulté vient de la liberté à laquelle aspire ce maillon qui ne supporte justement pas les chaînes, et donc de la fragilité de son équilibre au sein d'une société policée et contraignante.

# 9
# Les difficultés croissantes des bons élèves

Nous avons vu que la généralisation de l'école comme mode d'apprentissage et de sélection sociale a coïncidé avec la mise en échec des zappeurs au profit d'une élite plus disciplinée et organisée : les bosseurs patients. Cette élite a joué initialement un rôle positif. Elle a permis d'organiser la société et de mener à bien de grands projets dans la durée. Malheureusement, comme l'aristocratie avant elle (et l'immense majorité des élites), elle s'est ensuite consacrée à la consolidation de sa position dominante ; elle a enfanté une technocratie dont l'activité essentielle consiste à se reproduire et à bloquer l'inventivité menaçante des zappeurs, au prétexte de rationaliser, coordonner, ou d'harmoniser l'action.

L'école ancre profondément dans le cerveau des élèves la nécessité de réfléchir avant d'agir, de structurer son travail et sa réflexion, de faire un plan avant d'écrire, de suivre des règles, de ne pas s'écarter du chemin tracé. L'élève, s'il veut obtenir de bonnes notes, doit oublier les idées originales, les variantes ou les digressions autour du sujet de l'examen. Les enseignants prétendent demander à l'élève d'apporter une réponse *correcte* à la question posée. La réalité est toute autre, au moins en France : les enseignants veulent majoritairement que les élèves apportent LEUR réponse, c'est à

*Le retour des zappeurs*

dire celle qu'ils ont imaginée en posant la question. Dans mon expérience d'élève ou de parent d'élèves, une réponse pertinente mais imprévue obtient généralement une mauvaise note.

Les dirigeants sélectionnés par ce système éducatif reproduisent cette stratégie dans l'administration ou l'entreprise. Leur but est de normaliser, d'imaginer des règles et des procédures pour encadrer l'action, d'éviter les variantes, les initiatives et les approches alternatives. Tout ce qui est nouveau est menaçant pour ce qui est en place, c'est-à-dire pour eux. Nous avons vu que l'alliance bosseur/zappeur est très performante, mais il existe des structures, surtout dans l'administration, où les bosseurs patients sont restés entre eux.

Les bosseurs patients ont été sélectionnés et formés pour reproduire, améliorer, perfectionner l'existant par petites étapes prudentes ; beaucoup d'entre eux ne souhaitent en aucun cas bouleverser, modifier ou changer les règles du filtre social qui les a valorisés. Au contraire, ils ont amplifié les contraintes et les procédures qui encadrent le travail.

Progressivement, nos sociétés occidentales ont créé un nombre de règlements, d'étages administratifs et de contraintes qui paralysent l'action et sclérosent l'innovation, c'est-à-dire le moteur de la vie. L'écart à la norme est traqué et qualifié systématiquement d'erreur, comme si le travail humain pouvait être assimilé à un processus industriel. Or, si l'erreur est souvent regrettable, elle est fondamentale pour progresser dans les environnements changeants. C'est par l'erreur que l'on découvre de nouveaux territoires, de nouvelles recettes, de nouvelles approches techniques. Celui qui condamne l'erreur est condamné à ne pas évoluer, et donc à disparaître.

Ces structures gestionnaires génèrent des coûts qui deviennent socialement insupportables, car ils ne sont plus compensés par une augmentation continue de la productivité. Elles fonctionnent sur un mode apparenté au parasitisme et non plus à la symbiose[17] qui présidait à leur création. Ce système de gestion normatif et hiérarchique est particulièrement pervers, car il prend prétexte des problèmes qu'il provoque pour justifier l'augmentation des moyens qu'il s'alloue et l'intensification de la normalisation. Ce cercle vicieux conduit inéluctablement à l'échec et à la faillite comme dans la <u>fable des rameurs</u>. Cette technocratie est peu colorée politiquement : les derniers appareils communistes en sont bien sûr les représentants les plus caricaturaux, mais les systèmes néolibéraux ne sont pas en reste.

La crise que nous traversons n'est qu'une manifestation de ce phénomène universel et répétitif qui a provoqué la chute de plusieurs civilisations humaines : nous n'avons pas appris à gérer la croissance autrement qu'en créant une technocratie hiérarchisée qui finit par l'étouffer. Je ne porte pas de jugement de valeur sur cette évolution cyclique : elle est structurelle et préprogrammée dans notre

---

[17] Le parasitisme décrit un organisme qui vit aux dépens d'un autre. Le parasite n'apporte rien à son hôte et peut même le tuer. Dans la symbiose au contraire, les deux organismes qui sont étroitement liés s'enrichissent de leur collaboration et améliorent mutuellement leurs chances de survie. L'administration fonctionnait initialement sur un mode symbiotique : elle coûtait moins cher que le surplus de production qu'elle permettait.

*Le retour des zappeurs*

ADN. Pour autant, ce déterminisme génétique ne signifie pas que nous ne puissions pas organiser autrement nos vies : les gènes proposent, mais l'Homme dispose. Heureusement.

Les valeurs associées à nos systèmes hiérarchiques étagés consistent à reproduire l'existant à l'identique, à évoluer prudemment, et à traquer les erreurs et les imperfections. Ces valeurs sont celles des bosseurs patients qui ont pris le contrôle du monde développé. Dans un monde stable, cette stratégie pouvait avoir une certaine efficacité, mais les changements introduits par les produits et la culture numériques sont désormais trop rapides pour permettre la survie de ce mode de fonctionnement social.

La technocratie est un système autodestructeur, mais cette autodestruction est généralement lente (en l'absence de facteur extérieur comme les guerres ou les désastres écologiques) et mène à un chaos qui peut durer des siècles, comme celui qui a suivi la chute de l'Empire romain. Par chance, le déclin annoncé de notre civilisation s'accompagne de l'explosion des usages du réseau internet. La société numérique, dite parfois "2.0" pourrait constituer le filet de sécurité qui amortira la brutalité de notre chute et permettra une renaissance. Le monde ultra-communicant et ultra-rapide que nous apportent internet et ses services est taillé sur mesure pour les zappeurs.

# 10
# Le XXIe siècle sera-t-il celui des zappeurs ?

Quel est donc ce "bocal 2.0" qui réussirait si bien aux agités ?

Le suffixe "2.0" est utilisé par analogie avec la numérotation des programmes informatiques : leur première version est souvent numérotée 1.0, puis 1.1, 1.2 au fil des corrections de bugs et améliorations successives. Mais il arrive un moment où une refonte complète du programme devient nécessaire pour le faire évoluer. Cette rupture se traduit alors par un changement du premier chiffre qui passe à 2.

La nouvelle version "de rupture" porte alors le numéro 2.0.

Le premier à avoir utilisé cette analogie à propos de l'impact social d'internet est Jean-Claude Guédon (WP) qui parle de "Renaissance 2.0" dès 2000. Il perçoit l'importance d'un outil qui permet à chacun de communiquer avec chacun, d'émettre autant que de recevoir.

À juste titre, Guédon assimile l'importance de cette révolution à celle de l'imprimerie : l'invention révolutionnaire de Gutenberg a sonné le début d'une diffusion massive de la connaissance, signant la fin du Moyen-Âge et amorçant la Renaissance.

Le web des années 90 a constitué le point d'orgue de cinq siècles de démocratisation de l'information et des médias de masse : la communication d'un auteur vers un large public.

Celui des années 2000 voit apparaître des forums et des blogs accessibles à tous ; chacun peut désormais devenir auteur et être lu à peu de frais et sans filtre social ou culturel préalable. Né avec ce mouvement, Google a constitué une brique fondamentale de cette rupture en permettant un accès à cette masse d'information qui n'émanait plus des seuls experts, journalistes ou auteurs reconnus. Le terme de Web 2.0 (WP)a été popularisé par Tim O'Reilly (WP) pour décrire cette évolution qui concerne autant la production que la diffusion de l'information.

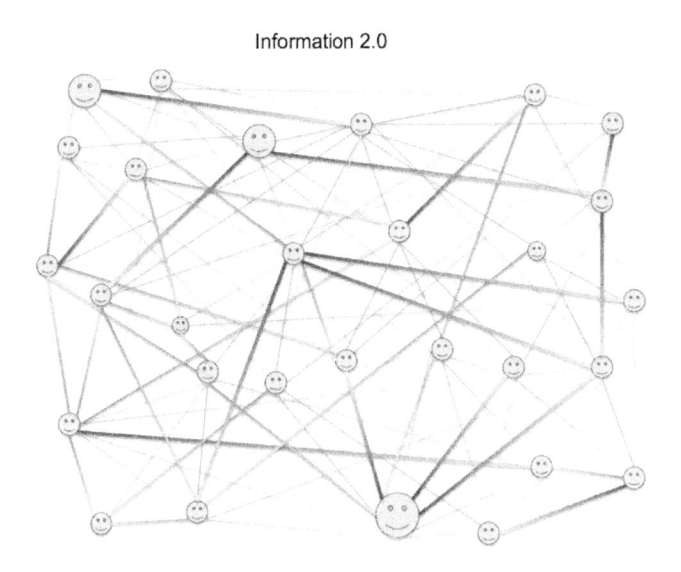

Information 2.0

La révolution sociale introduite par le Web 2.0 me paraît largement sous-estimée. Je fais partie de ceux qui pensent, comme Michel Serres, que nous sommes sur le point de sortir du néolithique. La pierre polie cède symboliquement sa place au silicium taillé. Nous entrons dans l'ère silicolithique, où l'information devient plus importante que les outils et les machines, où l'agriculteur-éleveur qui a fondé le néolithique représente désormais moins de 3 % de la population des pays développés.

Or, nous avons vu que la souffrance des zappeurs a été concomitante de la civilisation moderne qui apparaît au néolithique. Le caractère du zappeur a été forgé par un million d'années d'évolution darwinienne chez des chasseurs-cueilleurs vivant en hordes de taille limitée. Dans ce contexte, je me plais à imaginer que les zappeurs étaient les rois de la savane :

- Intuitifs, capables de faire des choix rapides face à l'imprévu.

- Peu sensibles au danger, excités par la chasse et prêts pour la guerre.

- Inventifs, créatifs, adaptables.

- Hyperactifs, à la fois physiquement et pour la rapidité de leurs réactions.

Une tribu paléolithique comportant des zappeurs présentait peut-être un avantage sélectif par rapport à une tribu rivale qui aurait été constituée exclusivement d'individus calmes, peu belliqueux et raisonnables.

À supposer que 10000 ans n'aient pas suffi à modifier la génétique des zappeurs, les "défauts" que

*Le retour des zappeurs*

nous leur connaissons aujourd'hui ne constituaient pas des handicaps sociaux avant la sédentarisation des chasseurs-cueilleurs. Impulsivité, rêverie, absence de stratégie à long terme, concentration difficile face aux tâches non stimulantes, mauvaise tolérance de la hiérarchie, tout cela était peu gênant au paléolithique. C'est le néolithique et surtout les XXe et XXIe siècles qui ont pénalisé les zappeurs, provisoirement. Voyons maintenant pourquoi le Web 2.0 qui annonce le silicolithique rend l'époque à nouveau favorable aux zappeurs.

L'influence principale du Web 2.0 sur le monde du travail est de faire exploser le volume des informations touchant chaque individu, ainsi que la vitesse de leur diffusion.

Les grandes entreprises constituent le milieu le plus caricatural de cette évolution. L'email permet de diffuser sans effort des informations à des dizaines ou centaines de destinataires. Au XXe siècle, une telle diffusion aurait demandé la réalisation d'autant de photocopies, et aurait donc été irréalisable.

La gestion d'une centaine d'emails (voire beaucoup plus !) par jour pour certains cadres est devenue une tâche envahissante. De plus, un email est invisible de l'extérieur : autant la pile de dossiers s'entassant sur un bureau permet de voir qu'un cadre est débordé, autant ces centaines d'emails qui s'accumulent sont invisibles pour des tiers.

Chaque émetteur d'email part du principe qu'il sera lu. Ce flux de courrier massif (et souvent dénué d'intérêt) génère un véritable esclavage, surtout quand il est diffusé conjointement sur le smartphone du destinataire.

Parallèlement, d'autres outils numériques permettent d'organiser des réunions en quelques clics. Leur nombre subit donc également une inflation démesurée. Le temps dédié à la production diminue proportionnellement.

Cette surabondance d'information et la diminution du temps de travail personnel ne sont pas simples à gérer. Dans le même temps, l'*open space* se généralise et gêne la concentration nécessaire à l'analyse en profondeur des dossiers. Beaucoup de cadres en sont réduits à emporter leur ordinateur à leur domicile pour pouvoir travailler au calme le soir ou le week-end.

Tous les principes enseignés à l'école et à l'université sont bafoués par ces nouvelles conditions de travail : le chahut est devenu l'ambiance normale de travail ; l'information reçue est trop abondante pour être entièrement lue, analysée et triée.

Les bosseurs patients sont à présent en difficulté dans un univers professionnel initialement conçu pour eux, mais qui évolue à grande vitesse sous la pression concurrentielle.

Les nouvelles qualités demandées aux cadres et employés sont en rupture avec les valeurs que les bosseurs patients ont acquises et perfectionnées à l'école puis à l'université :

*Le retour des zappeurs*

- Il vaut mieux répondre vite et approximativement à un email que chercher à approfondir une réponse qui arriverait trop tard.

- Ranger les emails ou les documents n'est plus indispensable et peut représenter une perte de temps : les moteurs de recherche des webmails permettent de retrouver ce que l'on cherche dans la masse des documents numériques reçus ou créés. Le système de rangement des zappeurs, fondé sur le tas sans organisation apparente, redevient performant avec l'aide de la technologie.

- Les emails sont idéalement gérés pendant les réunions sans intérêt. Cette double activité ne pose pas de problème aux zappeurs qui sont capable de suivre une conversation d'une oreille tout en rédigeant leur courrier.

- La quantité d'informations à analyser sous forme de rapports ou de présentations est devenue énorme, au point de déborder la capacité de travail des bosseurs patients. Le seul moyen de gérer ce flux est une lecture ultra-rapide et superficielle. Ce mode de lecture était réprimandé à l'école ; il devient un standard. Il se trouve que c'est justement le mode de lecture "natif" des zappeurs.

- Il faut travailler vite, très vite. Il devient courant de devoir faire une présentation pour le lendemain. Le zappeur ne craint pas ce type de challenge, lui qui attend de toute façon la dernière minute pour se mettre au travail. Il fait confiance à son cerveau créatif pour trouver rapidement les quelques images ou formules originales qui valoriseront sa présentation.

Le zappeur devine, rapproche, sans savoir toujours expliquer pourquoi ni comment ces idées pertinentes lui viennent à l'esprit. Son imagination constitue un atout décisif dans un environnement rapide et mouvant, où le conformisme est inadapté.

L'accélération de la vie professionnelle stresse le bosseur patient alors qu'elle nourrit le besoin d'excitation du zappeur et lui évite de connaître l'ennui qu'il redoute plus que tout.

Si l'open-space torture beaucoup d'employés, le zappeur dispose d'une faculté de concentration et d'abstraction paradoxale dont l'intensité est le corollaire de sa brièveté. Cette capacité à se perdre dans ses pensées, qui lui est tant reprochée en famille, devient une forte capacité d'abstraction, précieuse dans son monde professionnel.

Au pire, le zappeur mettra un casque et écoutera de la musique en travaillant : souvent rythmée et stimulante, elle lui servira de "Ritaline auditive". Si le zappeur se nourrit des interactions rapides avec les autres, c'est dans sa solitude intérieure qu'il élabore sa pensée innovante et originale. Ses "absences" correspondent en fait à une réflexion personnelle et solitaire, à une capacité de focalisation au milieu de stimulations visuelles et auditives totalement handicapantes pour un bosseur patient. Paradoxalement, notre zappeur inattentif à l'école ou au restaurant est capable de se concentrer intensément sur sa propre réflexion et de bloquer les stimulations extérieures pour lui accorder toutes ses capacités cérébrales. Cette inattention sélective devient ou redevient une force plutôt qu'un défaut.

*Le retour des zappeurs*

Une qualité importante du zappeur est sa capacité de synthèse. Il sait extraire rapidement l'essentiel d'une conversation ou d'une lecture. Il faut dire que son cerveau passe son temps à faire de synthèses en temps réel. Il essaye de vous couper la parole pour résumer ce que vous allez dire avant même que vous ayez terminé ! Ce comportement irritant dans la vie affective ou insupportable en réunion peut devenir une qualité professionnelle dans un monde où l'information est envahissante.

Pour résumer, beaucoup de valeurs enseignées à l'école sont mises à mal par le monde 2.0. Il peut être contre-productif de planifier, d'organiser, de préparer, de ranger, de classer, d'analyser à fond, de prendre le temps de rédiger avec soin, de traquer les erreurs et les imperfections.

Les bosseurs patients ont désormais besoin des zappeurs (et bien sûr de toutes les personnalités intermédiaires). Le zappeur n'est plus un inadapté condamné à travailler seul ou à sombrer dans l'alcoolisme. Le zappeur est redevenu un élément indispensable de l'équipe fonctionnelle

Quoi que l'on pense de cette évolution du monde du travail ; il est clair qu'elle est propice aux zappeurs. Il existe donc une fracture majeure entre la formation initiale qui est encore entre les mains des bosseurs, et les qualités exigées dans l'entreprise du XXIe siècle, qui sont en partie celles des zappeurs (que l'école a souvent pénalisés et donc privés de l'accès au statut de cadre). Cette mutation est fondamentale : les bosseurs patients contrôlent encore l'école et l'université où ils sélectionnent et forment leurs semblables, mais ils sont en train de perdre leur suprématie au sein du monde du travail. Leur alliance avec les zappeurs est aussi indispensable actuellement qu'elle pouvait l'être au paléolithique.

Je vous avais suggéré précédemment de regarder la célèbrissime vidéo de Ken Robinson (WP). Si vous ne l'avez pas fait, il n'est pas trop tard. Si vous l'avez appréciée, vous aimerez sans doute sa conférence plus récente où il soutient les enseignants en montrant qu'ils sont eux aussi victimes d'une administration sclérosante qui les empêche de faire preuve de créativité dans leur fonction.

Au sein du monde capitaliste, l'immobilisme est mortifère pour l'entreprise, sauf à disposer de leviers de pouvoir suffisants pour se protéger des concurrents innovants. C'est pourquoi les grandes écoles ont compris qu'elles ne pouvaient plus sélectionner et former des cadres issus exclusivement du vivier des bosseurs patients. Des voies de recrutement alternatives se généralisent pour sélectionner sur dossier et entretien des candidats ayant suivi des voies atypiques.

En pratique, et souvent sans que ces écoles en aient pleinement conscience, il s'agit d'une voie de rattrapage pour récupérer les meilleurs zappeurs parmi ceux que le secondaire avait éliminés.

La motivation de ces grandes écoles n'est pas l'altruisme ou une préoccupation sociale. Leur objectif est de ne pas cloner à l'infini les enseignants/bosseurs, dont les qualités sont réelles et indéniables, mais qui sont moins aptes que les zappeurs à innover, à prendre des risques, à sortir du cadre, à rechercher la nouveauté ou à s'y adapter. Une entreprise qui n'est gérée que par des bosseurs patients est condamnée à reproduire l'existant, à le perfectionner, à gagner éventuellement beaucoup d'argent pendant quelques années, avant de disparaître faute d'avoir su évoluer à temps. C'est parce qu'elles sont jugées sur les performances de leurs anciens élèves dans l'entreprise que les écoles d'excellence recherchent les zappeurs d'élite rejetés par les grands lycées ou les classes préparatoires.

L'administration est à l'abri de la concurrence et a horreur du changement ; elle constitue encore un milieu protégé pour les bosseurs patients et elle peut continuer à ignorer et éliminer les zappeurs, qui d'ailleurs lui rendent bien son hostilité. Sa préoccupation principale est de ne surtout rien changer ou de piloter des changements absurdes dont la motivation essentielle est de conforter ou renforcer le pouvoir et la domination des administrateurs en place. En revanche, l'université (française) commence à ressentir les mêmes préoccupations que les grandes écoles et subit un début de concurrence. Pour autant, elle peine à mettre en place des filières destinées à identifier les zappeurs qui pourraient l'enrichir. La hiérarchie universitaire est une des plus archaïques qui soit. Elle sélectionne, recrute et entretient des chercheurs, mais se prive des trouveurs. Faire carrière à l'université suppose généralement une grande patience, un sens politique aigu, et une forte tolérance à la subordination. Ces qualités sont peu répandues chez les zappeurs. J'en profite pour faire un clin d'oeil aux quelques exceptions qui se reconnaîtront.

Les plus grandes découvertes scientifiques ont souvent été faites par des zappeurs travaillant seuls à l'écart de l'université. Depuis une cinquantaine d'années, ce travail solitaire était devenu quasi impossible en raison de son coût prohibitif pour un individu isolé ; de plus, l'université faisait front contre les francs-tireurs, comme le grand zappeur Henri Laborit l'a constaté à ses dépens : seuls le cinéma et l'édition grand-public lui ont permis de diffuser largement ses idées. Bien qu'il ait été un de nos plus grands savants en neurosciences, il fut constamment rejeté par les universitaires et n'a dû son salut qu'à l'autofinancement de ses recherches par ses brevets.

Là encore, le Web 2.0 bouscule l'ordre établi et apporte deux nouveautés qui assiègent la citadelle universitaire.

Le travail collaboratif tout d'abord. Il est devenu possible de créer des laboratoires de recherche virtuels avec des individus dispersés géographiquement. Les ordinateurs individuels sont connectés entre eux, additionnent leur puissance et constituent un superordinateur virtuel permettant d'effectuer des calculs complexes. Les appareils de laboratoire sont partagés. Les idées sont échangées en temps réel dans des espaces collaboratifs virtuels. Face à cette accélération et à ce morcellement, les bosseurs patients, installés à vie à l'université, sont contraints de céder une partie de leur pouvoir et ne peuvent plus prétendre à l'exclusivité de la recherche fondamentale.

La publication (et donc la diffusion) libre des travaux scientifiques constitue l'autre nouveauté. Les revues scientifiques et leurs jurys de relecteurs ont longtemps permis de réserver la rédaction et la diffusion de la science à une oligarchie universitaire tournant en circuit fermé.

Ces revues sont désormais en difficulté car elles perdent leurs lecteurs, soumis à un flux d'informations gratuites qui les détourne des abonnements payants. Publier ses propres travaux est devenu simple et gratuit. Google s'occupe de mettre en exergue les travaux qui sont remarqués par d'autres chercheurs. Il n'est plus indispensable d'obtenir l'aval des hiérarchies universitaires pour être lu.

La seule chose qui maintient les revues scientifiques traditionnelles en vie est la nécessité pour les chercheurs universitaires d'y publier leurs travaux pour progresser dans leur carrière. C'est absurde et cela ne pourra persister longtemps, car ces revues sans abonnés ne pourront continuer à attirer les publications des chercheurs attirés par une large diffusion de leurs articles.

Pour celui qui cherche de l'information scientifique, le problème n'est plus d'y accéder, mais d'arriver à trier ce qu'il reçoit.

Ces deux bouleversements majeurs annoncent le retour des zappeurs sur la scène de la science, pour son plus grand bien.

## 11
# Une revanche pacifique

Les zappeurs d'élite recrutés par les grandes écoles ou autoformés deviennent des créateurs de start-up, des chercheurs d'un nouveau genre, des porteurs d'idées au sein des entreprises qui ont compris l'intérêt de les recruter. Ils sont en train de reprendre pacifiquement une partie du pouvoir accaparé jusque-là par les bosseurs patients. D'autres zappeurs continuent à être dépressifs, rebelles incompris, toxicomanes, alcooliques ou losers ruinés, mais leurs enfants auront probablement un meilleur destin.

Un zappeur a eu un jour cette jolie formule en parlant d'un de ses collaborateurs dont il me décrivait les qualités :

- Il a fait quoi avant d'entrer chez toi ?

- Il a fait polytechnique, puis l'ESSEC.

- Ouah ! Et maintenant il fait quoi ?

- Il fait ce que je dis...

Il n'y avait chez lui aucun esprit revanchard (il sort lui-même d'une formation prestigieuse après des études primaires difficiles), mais il représente clairement une nouvelle classe de cadres et de dirigeants zappeurs dont les qualités sont adaptées à l'accélération et à l'explosion multidimensionnelle du monde 2.0.

Les zappeurs ne font pas la guerre aux bosseurs patients ; ils se contentent de rendre leur suprématie obsolète.

Leur retour aux affaires a lieu dans une certaine agitation mais sans violence, c'est un retour vers un équilibre qui pourr[18]

---

[18] Vous ne pensiez tout de même pas que j'allais finir ce livre ? Je vous rappelle que le défaut principal des zappeurs est leur incapacité à terminer les tâches qu'ils ont commencées :-)

# Annexes

## Guide de survie au quotidien avec un zappeur ou une zappeuse

La vie conjugale et familiale avec un zappeur n'est pas chose aisée.

Le zappeur est un être troublant tant que son entourage n'a pas compris son mode de fonctionnement cérébral et donc social.

Je profite de cette annexe pour traiter différemment le zappeur et la zappeuse adulte, bien que leur caractère soit fondamentalement le même. Les attentes sociales inégales vis-à-vis des deux sexes et la grande aventure de la maternité aboutissent à des comportements parfois différents. Le zappeur est rarement isolé au sein d'une famille, il en existe souvent au moins deux : un enfant en souffrance à l'école et le parent qui lui a transmis son caractère. Ce dernier en a souvent eu la révélation lorsque l'on a commencé à parler de TDA/H pour son enfant.

La problématique des couples homosexuels n'est pas très différente et les chapitres qui suivent leurs seront également utiles.

## Le mari zappeur

Commençons avec monsieur Z expliqué à sa compagne.

Vous l'avez aimé pour son caractère original. Il vous a étonnée et séduite par sa façon d'être et de penser qui sortait des sentiers battus !

Sa sensibilité est parfois touchante. Il pleure au cinéma devant les dessins animés. C'est un homme attachant et atypique. Il est inventif et créatif. Bref, votre mari ou compagnon n'est pas un homme banal. Avec lui, au moins, on ne s'ennuie pas.

Malheureusement, vous avez vite déchanté.

Votre zappeur s'est révélé instable professionnellement et il met en péril les projets familiaux à long terme.

À la maison, il est souvent "ailleurs" ; vous avez l'impression qu'il ne s'intéresse ni à vous ni à ses enfants. Soit son travail l'obsède totalement, soit il est absorbé par une de ces fichues idées géniales qui n'aboutissent jamais.

Au début, vous avez voulu croire que ses promesses de succès allaient se concrétiser. Mais tout le monde n'est pas Steve Jobs... D'ailleurs, il travaille seul désormais car, de toutes façons, il ne supporte ni les hiérarchies ni les contraintes. Le pire est qu'il a de bonnes idées, mais soit il est incapable de les valoriser financièrement, soit il se lasse avant d'en avoir exploité le potentiel et passe à autre chose.

Il est capable d'oublier d'une minute à l'autre une consigne que vous lui avez donnée. Il ne se souvient plus que votre sœur est enceinte ni du prénom du voisin. Perdu dans ses pensées, il est capable d'accompagner les enfants à l'école pendant les vacances scolaires et d'oublier votre anniversaire trois années de suite. Il vous raconte un film alors que vous l'avez vu avec lui quelques jours avant.

Il développe une énergie considérable dans des tâches futiles, mais ne range pas ses affaires, malgré votre insistance. Il remet toujours à plus tard les tâches conjugales pourtant simples et peu nombreuses que vous lui avez confiées.

Avec lui, vous n'êtes jamais au bout de vos surprises, mais vous ne supportez plus son comportement. Vous songez à quitter un homme qui semble se désintéresser de vous, de la vie familiale, de tout ce qui vous paraît important et dont il paraît se soucier comme d'une guigne. D'ailleurs il le sent, et comme sa vie professionnelle se dégrade aussi, il devient dépressif, surtout depuis qu'il a arrêté de fumer. Au moins, il n'a pas sombré dans l'alcool comme sa sœur, qui lui ressemble beaucoup. Votre belle-mère vous a appris que leur père, qui a fini seul et ruiné, était pareil à leur âge.

Je dresse ce tableau déprimant et un peu caricatural pour que vous soyez bien sûre que je parle de votre conjoint. Le but de ce texte est de vous permettre de réagir avant d'arriver à ce stade proche de la rupture.

La première chose à faire est de l'aider à prendre conscience de son mode de fonctionnement mental, par exemple en lisant ce livre (s'il ne l'a pas déjà fait) ou en consultant le site http://www.leretourdeszappeurs.com. Les zappeurs à qui l'on décrit leur caractère pour la première fois ont tous la même réaction : *"Oh mon Dieu, je ne suis donc pas seul à être comme ça ! Mais vous avez scanné mon cerveau ! Comment savez-vous tout cela sur moi ?"*. Comme ce caractère est peu connu, voire nié par certains, il ne fait pas partie de notre culture. Pour le zappeur, comprendre son fonctionnement cérébral et découvrir qu'il ne constitue pas vraiment une anomalie (mais plutôt une source de difficultés sociales assortie de nombreuses qualités) constitue un immense soulagement. Cette compréhension (à laquelle il n'est pas habitué) lui donne les premières clés nécessaires pour aller vers les autres et comprendre leurs réactions face à son comportement. De même, la compagne que vous êtes doit comprendre ce qui sous-tend les comportements étranges et parfois insupportables de votre zappeur. Non, il n'est pas insensible, bien au contraire. Non, il ne se désintéresse pas de vous et de ses enfants : il s'intéresse à sa famille à sa manière, celle pour laquelle il a été quasiment programmé génétiquement. Il va à l'essentiel, aux fondamentaux : si tout le monde va bien, inutile de se prendre la tête avec des convenances sociales ou des détails sans importance.

Retenez cette image de Thom Hartmann : *le zappeur est un chasseur qui vit dans un village de fermiers* (source). Le zappeur, comme le chasseur, vit dans l'instant. Le fermier, au contraire, programme l'élevage, les semailles et les récoltes. Le chasseur doit avoir des réflexes et des intuitions. Le fermier doit avoir des projets et de la constance dans l'effort.

Je ne vous suggère pas d'excuser passivement les comportements que vous ne supportez pas chez votre conjoint, mais de lui apporter de l'aide, si vous l'aimez encore... Vous pouvez l'accompagner vers des comportements plus acceptables en lui montrant que vous le comprenez. Ce qu'il craint le plus est le rejet et l'incompréhension qu'il vit depuis son enfance, depuis l'école. Il a été rejeté car il n'arrivait pas à faire ce qu'on attendait de lui, tandis que ce qu'il créait ou inventait n'intéressait que rarement les autres. Tout le monde le prenait pour un paresseux, pour un Gaston Lagaffe destiné à devenir garçon de courses.

Si vous comprenez ses difficultés, si vous acceptez l'idée qu'il ne s'agit pas d'un comportement volontaire ou d'un manque d'affection de sa part, vous pouvez lui apporter une aide considérable, et vous recevrez beaucoup en retour. Il est aussi absurde d'en vouloir à un zappeur de son inattention que d'en vouloir à un angoissé de ses peurs irrationnelles.

S'il prétend ne pas se souvenir de ce que vous lui avez dit il y a une heure, c'est que vraiment il ne s'en souvient pas, et que, oui, vraiment, il vous a écouté il y a une heure. Plutôt que de lui reprocher cet oubli, incitez-le à trouver des outils pour résoudre les problèmes que ces oublis engendrent. Vous êtes en droit de lui reprocher de ne pas mettre en œuvre des moyens pour mieux se souvenir (notes sur un carnet, alertes sur son smartphone par exemple). Bref, il a le droit d'oublier, mais pas de considérer que ces oublis ou ces manques d'attention sont sans conséquences.

C'est le principal conseil que je vous donne : comprendre les incompétences du zappeur, mais ne pas accepter son indifférence face aux problèmes qu'elles engendrent en perturbant votre vie commune. Empathie et exigence de solutions correctives sont les deux piliers d'une bonne relation avec un zappeur.

Vous devez aussi accepter l'idée que les contraintes le torturent. Il ne supporte pas l'idée être enfermé dans un théâtre, en voiture dans les embouteillages, en week-end chez vos amis qu'il n'aime pas. Ce n'est pas de l'égoïsme : il souffre vraiment de cette aliénation de sa liberté, comme une personne atteinte de vertige souffre physiquement au sommet de la Tour Eiffel.

Il faudra donc trouver et négocier un compromis entre les contraintes qu'il acceptera de façon quasi sacrificielle, et celles que vous pouvez raisonnablement lui éviter.

En pratique, tout va mieux quand on a réussi à décoder le comportement du zappeur, et que lui-même se sent reconnu dans ses difficultés. C'est un des objectifs de ce livre.

Comme un enfant, votre zappeur recherchera et trouvera alors lui-même des solutions pour conserver votre amour et préserver son couple. Il craint autant la solitude affective que la contrainte et vous pourrez compter sur sa motivation. La compréhension et l'empathie sont fondamentales dans cette démarche.

# L'épouse zappeuse

Madame Z est encore moins souvent identifiée comme telle que Monsieur Z, mais les zappeuses existent, et leur comportement est souvent tout aussi déroutant ! Ces conseils sont donc destinés au compagnon d'une zappeuse.

Avant la maternité, la zappeuse est plus facilement reconnaissable. Son caractère atypique et son refus des conventions se manifestent souvent dans son apparence physique et ses choix vestimentaires.

Vous l'avez aimée parce qu'elle détonnait au milieu des autres. La zappeuse ne suit pas la mode. Soit elle s'en fiche et s'habille comme un garçon, soit elle "fait" la mode, ou au moins tente de la faire par des choix de vêtements ou d'accessoires très originaux[19].

Plus jeune, elle ne faisait rien comme les autres, et avait d'ailleurs du mal à s'intégrer aux groupes des autres jeunes filles (sauf si elle en était le leader). Elle s'entendait mieux avec les garçons, ou avec une amie intime qui partageait le même caractère. Vous apprendrez peut-être un jour qu'elle a connu une période de dépression à l'adolescence.

---

[19] Parfois, et plus souvent que le garçon, la zappeuse tente néanmoins de se plier aux conventions sociales, aux stéréotypes féminins qui lui sont imposés. Sa souffrance est alors souvent intériorisée sur un mode dépressif.

Son caractère spontané vous a déconcerté et charmé à la fois. Elle est active, impulsive, mais parfois angoissée par cet état.

Sa recherche d'émotions fortes est permanente et peut prendre différentes formes : sports de l'extrême ou de combat, tabac, alcool, drogues, métiers dangereux, sexualité débridée ou attirance pour le jeu (jeux d'argent ou jeux vidéos de combat plutôt masculins). La zappeuse est une chasseuse dans l'âme.

Professionnellement, elle a du mal à se fixer et a tenté plusieurs formations et métiers. Elle est aussi instable dans sa vie professionnelle que son équivalent masculin, sauf quand elle a la chance d'avoir un talent artistique.

La maternité modifiera l'expression de son caractère. L'instinct maternel va influencer son comportement et en atténuer les manifestations zappeuses. Par définition, un enfant est un "projet à long terme" : un vecteur de transmission de ses gènes, moteur principal de l'évolution darwinienne (source). Chez les primates dont nous faisons partie, le père peut se permettre de se désintéresser de sa progéniture car les occasions de transmettre ses gènes sont nombreuses. La mère, en revanche, a lourdement investi dans sa grossesse et son rôle nourricier et protecteur à long terme est donc fondamental.

Ces éléments biologiques expliquent sans doute pourquoi la maternité va généralement prendre le dessus sur le caractère zappeur de la mère (mais sans l'annuler), alors que cette transformation est beaucoup moins nette chez l'homme devenu père.

*Le retour des zappeurs*

La zappeuse est une mère qui fonctionne à l'instinct. Elle à l'intuition de ce qu'elle doit faire, le fait vite et souvent bien, mais elle supporte mal la contrainte et la routine. L'adaptation de la zappeuse devenue mère peut suivre des voies différentes :

**La délégation de tâches** est l'option choisie par la femme zappeuse très entourée ou bénéficiant d'un statut professionnel apportant des revenus élevés. Cette mère zappeuse va déléguer la gestion quotidienne de ses enfants à ses proches ou à une employée de maison de confiance. Cette situation se présente pour les femmes exerçant une profession libérale, tenant un commerce ou dirigeant une entreprise qu'elles ont créée. Une femme zappeuse a peu de chances d'être un cadre supérieur dans une entreprise, même de taille moyenne, car comme son homologue masculin, elle possède un caractère peu compatible avec les contraintes hiérarchiques.

Cette mère zappeuse investie dans son travail ne sera pas une mauvaise mère, malgré les images négatives et culpabilisantes que lui renverra la société. Ses relations avec ses enfants seront aussi intenses que brèves, et les enfants s'en contentent très bien, surtout les zappeurs...

**L'abandon de l'activité professionnelle**, ou le choix d'un emploi peu prenant lui laissant du temps libre est la voie la plus fréquemment choisie par la zappeuse. La fonction de mère au foyer peut lui avoir donné l'impression d'aller vers plus de liberté, mais la réalité est souvent différente... La zappeuse trouvera alors son équilibre dans une activité annexe : artistique, ludique (avec ses enfants), sportive (intensive), ou dans toute autre fonction qui lui apportera une stimulation suffisante. L'ennui reste son ennemi mortel.

La meilleure solution pour l'équilibre de la mère zappeuse est une activité à temps partiel avec une forte composante créatrice. Vous me direz que c'est le rêve de tout le monde, mais pour la zappeuse, c'est un objectif quasiment vital.

Si la mère zappeuse est enfermée chez elle ou si elle est contrainte pour des raisons financières à un travail répétitif, morne et ennuyeux, elle est exposée à deux risques majeurs : la dépression et la consommation de drogues (surtout l'alcool). Beaucoup de femmes alcooliques sont des zappeuses malheureuses, broyées par l'ennui et les contraintes sociales.

Que peut et doit donc faire le compagnon d'une zappeuse ? Les solutions sont très proches de celles proposées à l'épouse d'un zappeur.

Tout d'abord, chacun des membres du couple doit apprendre à connaître et reconnaître le caractère zappeur, ses ressorts intimes et son influence sur le comportement. L'acceptation de la différence de l'autre et l'empathie pour ses incapacités sont fondamentales. Il ne faut pas demander à une zappeuse de faire ce qu'elle ne peut pas faire, de même qu'on ne peut demander à une obsessionnelle de vivre dans le désordre ou la saleté. Le conjoint doit aussi garder en tête que certaines des qualités de la zappeuse sont indissociables de son caractère (créativité, originalité, réactivité notamment).

*Le retour des zappeurs*

Une fois cette prise de conscience effectuée, la recherche de solutions est l'étape qui va permettre de consolider le couple et la famille.

Devenu plus compréhensif, vous tenterez d'épargner à votre compagne ce qui la fait souffrir, par exemple la gestion administrative du ménage. Vous la pousserez aussi à accomplir ses envies atypiques ou ses rêves artistiques (s'ils ne compromettent pas l'équilibre psychologique ou financier de la famille).

Même fatigué et aspirant au calme ou au repos, vous ferez un effort pour participer à des projets de sortie ou d'activités stimulantes.

Celui qui vit avec une zappeuse doit se souvenir qu'il ne l'a pas choisie sans raison. Vous ne pouvez pas lui demander d'étouffer totalement le caractère impulsif, créatif et original qui vous a séduit lorsque vous l'avez choisie. En revanche, vous êtes en droit de demander à votre zappeuse la mise en œuvre des moyens simples qui permettent d'atténuer l'impact familial délétère de son caractère instable.

L'incompréhension doit céder la place à la gestion. Votre compagne ne changera pas ; l'objectif est qu'elle tente de s'adapter aux besoins de la famille, et que la famille tente de tenir compte de ses craintes, de ses incapacités et de ses besoins d'accomplissement créatifs.

La zappeuse doit être comprise, protégée et aussi reconnue pour ses qualités qui sont réelles. C'est à ce prix que la famille retrouvera un équilibre et qu'elle sera protégée de la dépression ou de la fuite vers les stimulations artificielles. Si vous appliquez ce conseil à la lettre, et si votre zappeuse n'a pas encore été brisée par la vie, vous serez très surpris du résultat.

Et si rien ne marche, chez Mme Z comme chez M. Z, il reste la piste du médicament, qui peut parfois rendre service.

# La Ritaline chez l'adulte

La Ritaline®, nom de marque le plus connu du méthylphénidate, n'a pas d'indication officielle chez l'adulte en France. Pourtant, comme chez l'enfant en difficulté à l'école, elle peut apporter une aide sociale à une proportion non négligeable de zappeurs et zappeuses adultes. Ce caractère perdure en effet souvent à l'âge adulte.

Son effet est imprévisible : la Ritaline peut apporter l'apaisement comme elle peut aggraver l'angoisse ou l'agitation.

Lorsque la Ritaline (ou ses dérivés) fonctionne bien chez l'adulte, elle apporte essentiellement du calme, une moindre irritabilité (sauf en cas de surdosage) et de la patience. Sur un plan professionnel, la Ritaline permet aux zappeurs de s'organiser plus facilement, d'être plus tolérants à la lenteur des autres et surtout de finir ce qu'ils commencent.

Néanmoins, il faut marteler que la chose la plus importante chez l'adulte zappeur est la prise de conscience des origines et des composantes de son caractère. Cette prise de conscience concerne autant son entourage que lui-même. La chimie peut parfois apporter une aide précieuse, mais seules les formes handicapantes du caractère zappeur sont assimilables à une maladie qui nécessite un traitement. En dehors de ces situations rares, la Ritaline peut rendre la vie de certains zappeurs ou de certaines zappeuses plus simple, c'est une béquille qui facilite l'intégration sociale.

Pour en savoir plus sur la Ritaline et les psychostimulants utilisables chez les zappeurs, consultez cette page qui sera régulièrement mise à jour.

## L'enfant zappeur

L'enfant zappeur est sans doute la partie la plus banale de ce livre. Je voudrais pourtant développer une approche un peu atypique pour vous aider à l'aider...

Fondamentalement, votre enfant ne présente aucune anomalie psychique. En dehors de formes très handicapantes et plutôt rares, les zappeurs et zappeuses n'auraient aucun problème sérieux dans leur enfance s'ils étaient nés il y a 12000 ans. Certes, Mini Z n'est pas toujours bien accepté par les bandes et les clans du fait de son impulsivité, mais ce n'est pas dramatique. Comme je l'ai expliqué en détail au chapitre 2, c'est l'école qui constitue la pire punition que l'on puisse infliger à votre petit zappeur.

Dans une vie idéale, ou à une autre époque, il apprendrait la vie dehors, au contact de la nature et d'un mentor bienveillant à l'écoute de ses besoins atypiques. Le zappeur est un curieux. Il veut comprendre, toucher, expérimenter, essayer. Tout cela est impossible dans une classe de 30 élèves, et il est rare d'avoir accès à une école fonctionnant avec de très petits effectifs et des enseignants connaissant bien la psychologie des zappeurs.

Rapidement, Mini Z s'ennuie, et la structure scolaire le met en échec. Je ne reviens pas sur cet aspect.

L'approche que je vous recommande est fondée sur **l'empathie** et la **valorisation**.

L'empathie consiste à tenir à votre enfant le discours suivant, à un moment propice où il vous paraît réceptif.

*"Mon petit Z, je sais à quel point ce que l'on te demande à l'école est difficile pour toi. Non pas que tu sois bête, mais parce que ce n'est pas ainsi que tu peux et que tu veux apprendre. Tes maîtres font ce qu'ils peuvent, mais ils sont là pour tous les enfants et ils font ce qui marche pour les autres. Je voudrais que tu saches que j'en suis conscient, que je suis triste que l'on t'impose ça.*

*Le problème, c'est que je n'ai pas de solution de rechange, alors on va faire avec. On va essayer tous ensemble de faire en sorte que cette période de ta vie ne te casse pas. Imagine que chaque année scolaire est un niveau de jeu vidéo et que tu doives vaincre les obstacles que tu rencontres pour finir les niveaux successifs.*

*Ce n'est pas parce que tu n'y arrives pas aujourd'hui que tu n'y arriveras pas demain. En prenant son temps, en progressant sans s'énerver, on peut arriver à faire des choses étonnantes. Ça aussi, les jeux vidéos te l'ont appris. Tu as déjà essayé de jouer du piano, tu sais que c'est très difficile, et pourtant il y a des gens qui jouent très bien du piano, parce qu'ils se sont entraînés pendant des années.*

*Et bien pour toi c'est pareil, tu vas t'entraîner à réussir à l'école, et je suis sûr que tu vas y arriver. Je ne te gronderai pas si tu as du mal, je te demande juste d'essayer un peu plus tous les jours. Tu ne seras jamais comme les autres, mais tu t'en rapprocheras assez pour réussir.*

*Par exemple, tu n'arrives pas à lire le livre que la professeur de français t'a donné à lire. Et bien tu vas juste lire une page par jour. Et puis deux. Et puis trois. Et tu verras que tu y arriveras, parce que ton cerveau peut apprendre à faire plein de trucs qu'il ne sait pas faire maintenant.*

*Il y a un autre problème, c'est que tu sais faire plein de choses géniales, [citez ici un exemple de son talent créatif], et qu'il n'y a malheureusement pas de notes à l'école pour ça. Mais moi et ta maman [ton papa], on sait ce que tu vaux.*

*Tu verras quand tu seras grand qu'on ne fait pas toujours ce qu'on veut. Justement, une chose qu'on va essayer d'apprendre ensemble, c'est de faire des choses que tu n'as pas envie de faire, sans forcer, progressivement. Je suis sûr que tu vas y arriver ; j'y suis bien arrivé, moi, et j'étais presque pareil que toi."*

Vous verrez à que point l'impact de ce discours est positif. L'enfant zappeur souffre beaucoup de l'incompréhension du monde adulte face à ses difficultés.

Maintenant que Mini Z est convaincu que ses parents le comprennent et ne lui en veulent pas d'être ce qu'il est, l'autre élément important est la valorisation. Mini Z a besoin d'être fier de lui pour

*Le retour des zappeurs* 83

résister à la dévalorisation que lui renverra l'école au quotidien.

C'est généralement assez simple : vous devez rechercher et identifier ses aptitudes et lui permettre de les utiliser pour briller en famille, ou mieux, vis-à-vis de ses copains ou copines. Ses talents seront probablement centrés sur l'habileté et les réflexes (jeux vidéos, escrime), la résolution de problèmes (casse-têtes, énigmes), la créativité (jeux de construction), l'art (dessin, sculpture, modelage, peinture, musique, vidéo).

Un zappeur est un enfant qui surprend. Il disparaît dans sa chambre et réapparaît quelques heures après avec une réalisation étonnante, voire épatante !

Mini Z sera tout à fait capable de comprendre que l'école est un passage obligé et difficile. S'il est soutenu et reconnu dans ses difficultés, elles seront alors beaucoup plus faciles à supporter. Dans le même temps, la valorisation qu'il recevra pour ses aptitudes extra-scolaires lui permettra de supporter plus facilement les rebuffades à l'école.

Il ne faudra pas hésiter à l'emmener dans des lieux de mise en œuvre de ce qu'il apprend à l'école, des sortes de travaux pratiques en famille qui sont néanmoins liées à l'offre locale (Palais de la Découverte à Paris par exemple) et aux aptitudes et connaissances de ses parents. Mini Z a besoin de concret. N'hésitez pas à impliquer un autre membre de la famille si vous n'avez pas le temps ou la compétence pour ces travaux pratiques. Heureusement, certaines écoles ou certains maîtres s'investissent beaucoup dans ce type d'activité.

La plasticité cérébrale dont je vous parlais au chapitre 7 est particulièrement développée chez l'enfant. Si votre Mini Z n'est pas braqué, il apprendra à être un peu plus patient, un peu plus attentif, un peu plus subtil dans sa communication, et donc à réussir à l'école dans les matières où il a des aptitudes.

Deux variantes de la personnalité zappeuses chez l'enfant sont importantes à connaître car fréquentes : *l'emmerdeur* et le *vandale*. Les noms scientifiques de ces comportements sont le *trouble oppositionnel avec provocation* et le *trouble des conduites*.

**L'emmerdeur** (*trouble oppositionnel avec provocation* ) est un jeune zappeur qui possède une mauvaise perception de l'impact de son comportement sur son entourage. L'emmerdeur ne comprend pas pourquoi on le gronde. Pour lui, non seulement son cadre de vie lui inflige des contraintes insupportables, mais les adultes sont injustes et les autres sont mieux traités que lui. Au lieu de faire une dépression, il est habité par une colère croissante qui aggrave son comportement et le pousse à provoquer l'autorité pour mieux s'en plaindre.

La souffrance et la colère qu'il ressent peuvent aboutir à des situations très critiques. Seule une forte empathie de son entourage et une éventuelle thérapie familiale à visée pédagogique peuvent l'aider. Heureusement, l'autonomie obtenue à l'âge adulte atténuera fortement ce comportement, surtout si cet enfant connaît une réussite professionnelle. Il restera néanmoins toute sa vie très sensible aux critiques.

Le **vandale** (*trouble des conduites*) est une variante plus inquiétante de l'enfant zappeur. Cette fois, l'anomalie peut être associée est une mauvaise perception du bien et du mal. Ce zappeur va extérioriser la souffrance liée à son échec scolaire par des agressions physiques ou verbales, de la cruauté, des vols ou des destructions sans but précis. Le vandale peut être authentiquement méchant, tricheur ou voleur. Pour parler vulgairement, "il passe son temps à faire des conneries". Heureusement, ces comportements ne sont souvent que des échappatoires à l'ennui et l'échelle des valeurs de ce zappeur brise-fer ou auteur de mauvaises blagues n'est pas forcément altérée. Néanmoins, c'est un délinquant en puissance ; une action correctrice est urgente, bien que pas toujours simple à mettre en œuvre. Les clés sont les mêmes que pour le zappeur simple : empathie et valorisation. Un élément thérapeutique important doit être ajouté : l'apprentissage des normes sociales élémentaires et de l'honnêteté, sachant que l'exemple en est l'outil fondamental. Les parents qui se comportent socialement, professionnellement ou fiscalement comme des prédateurs sans scrupules portent une responsabilité dans les manifestations de ce trouble.

# Les médicaments chez l'enfant zappeur

Les psychostimulants, et en premier lieu, la Ritaline®, sont de plus en plus utilisés chez l'enfant zappeur. J'ai développé cet aspect au chapitre 6, vous trouverez <u>ici</u> des informations détaillées et régulièrement actualisées sur la Ritaline et ses dérivés. Cette prescription à un côté aberrant car l'enfant n'est pas malade : c'est son environnement qui est inadapté.

Néanmoins, pour un zappeur ou une zappeuse en situation d'échec malgré les conseils précédents, et qui se sent mieux avec un médicament, la thérapeutique peut être considérée comme une aide utile. Cette aide est alors assimilable à des béquilles ou aux raquettes qui permettent de marcher dans la neige profonde. Le zappeur n'est pas adapté à l'école **telle qu'elle existe**. Une chose me paraît fondamentale dans tous les cas : les psychostimulants prescrits ne doivent jamais être imposés à l'enfant. C'est lui qui acceptera ou non l'aide médicamenteuse proposée, en l'absence de tout chantage, sous peine d'altérer durablement l'image qu'il gardera de lui-même et de l'aide que peut lui apporter la médecine dans ses problèmes futurs.

**Note à propos des liens :**

Les portions de texte soulignées correspondent à des liens. Pour accéder aux documents liés, connectez-vous manuellement à cette adresse : http://www.leretourdeszappeurs.com/liens/ qui contient l'ensemble des liens, regroupés par page.

Si vous possédez un smartphone ou une tablette avec un lecteur de codes, utilisez le QRcode ci-dessous :

# Sites internet

Ce livre n'est pas figé, il est destiné à évoluer en permanence. Gérant moi-même l'impression, je créerai si nécessaire une nouvelle édition à chaque retirage ou remise en ligne au format numérique.

Vous pouvez contribuer à corriger ses imperfections en réagissant sur le forum et sur le site qui lui est dédié : il contient une bibliographie et de nombreuses informations complémentaires :

http://www.leretourdeszappeurs.com/

**D'autres sites méritent votre visite :**

- http://www.tdah-adulte.org très complet, associé à son blog participatif http://blog.tdah-adulte.org.

- http://www.tdah-france.fr principale association française dédiée au TDAH.

- http://hyperactive-et-alors.tumblr.com le blog d'une zappeuse qui assume son caractère.

*Le retour des zappeurs*

# Remerciements

Je dédie ce livre à quelques zappeurs célèbres[20] : Jean Prouvé, John Lennon, Steve Jobs, Walt Disney, Charles Pathé, Banksy, Colette, Pablo Picasso, Andrée Putman, Jim Carrey, Whoopi Goldberg, Carl Lewis, Serge Prokofiev, Serge Gainsbourg, Boris Vian, Albert Einstein, Thomas Edison, Vincent Lindon, Pascale Clark, Thierry Ardisson, André Malraux, Usain Bolt, Salvator Dali, Leonard de Vinci, Coluche, Jean Yanne.

Henri Laborit, déjà cité, un de nos plus grands savants et prince des zappeurs, mérite une mention particulière : il osa critiquer la hiérarchie universitaire, audace qui ne lui sera jamais pardonnée et le privera de Prix Nobel. Interviewé par Jacques Chancel qui l'appelait professeur, il répondit *"Appelez-moi plutôt docteur, je préfère découvrir ce que les autres enseignent, plus qu'enseigner ce que les autres découvrent."*

---

[20] Certains sont déclarés TDAH dans leur biographie ; d'autres sont rangés dans la catégorie des zappeurs de ma seule initiative, j'espère qu'ils et elles le prendront comme un compliment.

Je remercie particulièrement François Ménard, qui m'a suggéré le mot *zappeur*, mon épouse Claire, bosseuse dont j'ai mis la patience à rude épreuve depuis 30 ans, et mon fils Charles qui m'a donné l'idée de ne pas finir le livre pour le rendre plus crédible ;-)

Je remercie également les relecteurs dont les apports considérables en font de quasi co-auteurs :

@DocAdrenaline, Philippe Ameline, Nicholas Anderson, Anne-Marie Besançon, @boules_fourrure, Anne Chailleu, Agnès Diricq, @Euphorite, Marc Faibis, Stéphanie Fodor, Philippe Foucras, @Dr_Foulard, @Fluorette, Gil Gaultier, Marc Gourmelon, Maggy Herzet, Yves Jeanmaire, @Jaddo_fr, Christophe Lapierre, Christian Lehmann, @LolVpsy, Marc, Marithé Mattera, Benjamin Moitié, Christine Mora, Nathalie l'hyperactive, @nfkb, Philippe Nicot, Edwige Poret, @PUautomne, Jean-Philippe Rivière, Sandrine D, @StepDoc, @Dr_Stephane, @Dr Tiben, Monsieur et Madame le @Docteur_V, @YannnSud, Marie Watteau.

Enfin, je remercie tout particulièrement Sophie Thievent qui assuré la relecture-correction de l'épreuve finale.

# Du même auteur

Le guide pratique de la médecine pour tous
Acropole, 1988

Le Vidal de la famille : Le dictionnaire des médicaments (collectif)
Vidal, 2006

<u>La revanche du rameur</u>
Michel Lafon, 2012

# Liens d'intérêt

L'auteur n'a aucun lien d'intérêts avec l'industrie des psychostimulants.

Il ne pratique pas de suivi de TDA/H à son cabinet de médecine générale où il n'accepte aucun nouveau patient.

Certains liens vers des livres ou DVD placés dans le texte peuvent être associés avec le programme d'affiliation Amazon. Seule leur pertinence a dicté leur choix et la solution la plus économique pour le lecteur a toujours été privilégiée.

# Table des matières

Avant-Propos ................................................................................... 1

1 De Voltaire à Columbo .............................................................. 3

2 Le cauchemar de l'école moderne ............................................ 11

3 L'avènement des bosseurs patients .......................................... 19

4 Bien sûr que c'est plus compliqué ! ......................................... 23

5 Le principal destin du zappeur est l'échec ! Mais quand il réussit... ........................................................................................ 29

6 Quand la médecine s'en mêle .................................................. 35

7 La plasticité cérébrale : une adaptation réversible ................. 39

8 L'alliance des bosseurs et des zappeurs .................................. 45

9 Les difficultés croissantes des bons élèves ............................. 49

10 Le XXIe siècle sera-t-il celui des zappeurs ? ....................... 53

11 Une revanche pacifique ......................................................... 65

Annexes .......................................................................................... 67
    Guide de survie au quotidien avec un zappeur ou une zappeuse ........ 67
    Le mari zappeur ............................................................................ 68
    L'épouse zappeuse ........................................................................ 74
    La Ritaline chez l'adulte ............................................................... 80
    L'enfant zappeur ........................................................................... 81
    Les médicaments chez l'enfant zappeur ....................................... 87

Sites internet ................................................................................. 89

Remerciements ............................................................................. 91

Du même auteur .......................................................................... 93

Liens d'intérêt ............................................................................... 94

Printed in Great Britain
by Amazon